GUANCHA
［观察］
——我与孩子共成长

郝利君 ◎主编

民主与建设出版社
·北京·

© 民主与建设出版社，2020

图书在版编目（CIP）数据

观察：我与孩子共成长 / 郝利君主编. — 北京：
民主与建设出版社，2020.6

ISBN 978-7-5139-3056-7

Ⅰ.①观… Ⅱ.①郝… Ⅲ.①学前教育－教学研究
Ⅳ.①G612

中国版本图书馆 CIP 数据核字（2020）第088679号

观察——我与孩子共成长

GUANCHA——WO YU HAIZI GONG CHENGZHANG

主　　编	郝利君
责任编辑	刘　芳
封面设计	姜　龙
出版发行	民主与建设出版社有限责任公司
电　　话	（010）59417747　59419778
社　　址	北京市海淀区西三环中路 10 号望海楼 E 座 7 层
邮　　编	100142
印　　刷	北京虎彩文化传播有限公司
版　　次	2022年6月第1版
印　　次	2022年6月第1次印刷
开　　本	710 毫米 × 1000 毫米　　1/16
印　　张	13.25
字　　数	239千字
书　　号	ISBN 978-7-5139-3056-7
定　　价	45.00 元

注：如有印、装质量问题，请与出版社联系。

编 委 会

主　　编：郝利君

编　　委：谢雄英　梁凤英　邱爱婷

　　　　　　李晓莹　张英贤

研究助力教师专业成长

"老师们专业成长的努力方向是什么？"

"怎样才能帮助我们园的老师快速实现专业成长？"

"如何留住优秀年轻教师，让他们体验到更多的职业成就感？"

"如何激发老教师的工作动力？"

"怎样让教师跟家长沟通更有底气？"

……

我是中山市教师进修学院一名负责学前教育研训的老师，研训中常常有园长、老师问我这样的问题。从幼儿园内部管理视角来看，问题的答案显而易见：观察儿童，让幼儿教师成为一名能读懂幼儿发展需求并给予适宜回应与支持的专业工作者。郝利君园长是中山园长圈里著名的"问题宝宝"。"那要怎样做呢？什么样的方案适合我们坦洲？""这样做是不是能解决我们最初提出的问题？""怎样'看见'老师们的成长？"……她对于问题总要刨根问底。最难能可贵的是，她没有一味地追着专家要答案，而是带着问题，和坦洲镇中心幼儿园的教师们一起，凭着"咬定青山不放松"的韧劲，心无旁骛地投入幼儿行为观察与实践的课题中。

客观地说，幼儿园教师啃读儿童心理发展与观察评估类的理论书籍非常不易，这往往也是限制老师们专业发展的瓶颈。有研究显示，教师本身缺乏相关的知识和能力，导致他们不愿接纳新的理念并采取行动（Brosnan, 1994）。坦洲镇中心幼儿园的老师们走出了各自的舒适区，结成了学习共同体，一边研学理论，一边实践检验，同时不忘反思调整，逐渐将儿童行为观察的知识内化为自己的理念，更难能可贵的是，通过一遍遍的写作表达，他们努力建构着自己的理论体系。虽然目前的成果可能是稚嫩的，甚至不那么创新，但是，从一个个的观察故事，一点点地分析叩问中，我们看到了老师思维方式的转变、分析能力的提升，以及儿童中心立场的坚定践行。全新的教师带来了全新的教育方式和更让儿童受益的教育，还有什么比高质量的幼儿教育实践更让人欢欣鼓舞呢！

是的，老师们在观察中找到了读懂儿童心灵带来的乐趣，在写作中提炼出了改善工作方法的技巧，在研究中感受到了孩子进步、家长认可的职业成就感。坦洲镇中心幼儿园的老师们，用自己的行动找到了幼儿园发展问题的答案。

苏霍姆林斯基说："如果你想让教师的劳动能够给教师带来乐趣，使天天上课不至于变成一种单调乏味的义务，那你就应当引导每一位教师走上从事研究这条幸福的道路上来。"行动研究是老师们专业成长的有力支架。愿有更多的老师们也能下定决心研究，收获职业的幸福！

李姝静

2020年3月23日

目 录

C ONTENTS

第四章

给予幼儿有力的支持：班级质量管理评价（CLASS）

第五章

兼容并包，博采众长：观察方法的综合运用

附　录

文案分享

第一章

幼儿园教师观察重要吗

伴着悠扬的音乐，美好的一天开始了。某幼儿园小班的陈老师又摩拳擦掌准备战斗了。

7：20，一群小宝贝哭哭啼啼地与父母进行了一场"生死离别"后来到了课室。陈老师一会儿哄哄这个"小公主"，一会儿抱抱那个"小王子"，真想自己能有三头六臂啊！

7：30，陈老师开始带着宝贝们排队准备去晨练。于是，一条长长的"小火车"在"火车头"陈老师的带领下往户外场地出发了。陈老师看着"小火车"的队伍排列得整整齐齐的，灵机一动："这周的观察记录就写孩子们排队有进步吧。"她正想着如何来描写孩子们的队形时，突然传来了一声"惊天动地"的哭声，原来是排在队伍中间的瑶瑶被她后面活泼的轩轩给推倒了，额头摔得乌红乌红的。陈老师急忙跑过去把瑶瑶扶起来，再将轩轩一把拉过来，劈头盖脸地说了一顿，弄得一边的瑶瑶也惊恐地看着，不敢再哭。

12：10，孩子们的午休时间到了，陈老师真想和孩子们一样睡个午觉补充下体能，可是观察记录没完成，教案也还没写呢，她只得强打起精神来，赶紧拿起笔和纸："今天去户外晨练时，轩轩把瑶瑶推倒了，他是个好动和攻击性强的孩子，看来以后我得多注意轩轩的行为，以免他再伤害到别的小朋友。"三言两语搞定了观察记录。陈老师心里开始嘀咕："写观察记录到底有什么用？写吧，有东西交差就行了。"陈老师放下观察记录本，又拿起了备课本……

下午放学时，瑶瑶妈妈看着瑶瑶受伤的额头一脸的不开心，尽管陈老师一个劲儿地对瑶瑶妈妈说着"对不起，对不起，是我没有看好孩子"。瑶瑶妈妈回答道："这种事情以后不要再发生了。你们要看好那个轩轩，不要让他和瑶瑶玩。我不想再看到瑶瑶受伤。"陈老师哑口无言，只觉得一肚子的委屈无处诉说。

亲爱的幼儿园老师，您是否切身体验过上述情景呢？幼儿园教师的工作时间长，班上幼儿人数多且状况百出。不仅如此，在繁忙的工作之余还要利用休息时间来写观察记录、教案。更揪心的是，幼儿发生意外后，教师又常常不被家长理解……那么，这些情景是偶然发生还是经常存在？为什么幼儿园教师如此之忙、如此之累却得不到家长的理解与认同呢？我们常说的在实践中通过观察和反思促进儿童发展、促进教师专业成长，让工作更游刃有余，仅仅是理想吗？

事实上，不论是要促进家长理解教师，还是提升教师对幼儿的理解和教育的专业化，一味地道歉、自责或救火应急都不是良策。教师首先需要做的是对幼儿发生的事件进行清晰的描述、准确的分析以及合理的支持与评价。

案例中，当瑶瑶被轩轩推倒后，陈老师急忙跑过去把瑶瑶扶起来，再将轩轩一把拉过来，劈头盖脸地说了一顿，弄得一边的瑶瑶也惊恐地看着，不敢再哭。我们可以看到：首先，教师对幼儿的观察不够细致敏锐。教师是看着"小火车"的，但她没有看到被推倒之前瑶瑶和轩轩发生了什么事情，即使是毫无征兆地推倒，也应该看到轩轩是做了什么动作让瑶瑶倒下的。其次，教师对幼儿的行为判断有很强的主观意识，她将轩轩一把拉过来，劈头盖脸地说了一顿，没有询问事情发生的原因，就以"他是个好动和攻击性强的孩子"来评价轩轩。另外，教师观察幼儿的意识不强，认为写观察记录到底有什么用？写吧，有东西交差就行了，教师并没有发自内心地觉得观察幼儿是幼儿园教师必备的一项能力，没有将观察记录与刚刚发生的教育行为进行结合，进而分析自身教育观念和行为的合理性和可能性。因此，让观察与实践脱节，既不能解决客观问题，又徒增工作负担。

可见，该教师每天只是按照既定的工作流程在走，内心却是一片茫然，并不了解幼儿真正的需要是什么，也不知道用什么方式满足幼儿的需要，面对家长的不理解也只能委曲求全，并不能站在专业的角度来分析事情，从而获得家长的理解与信任。那么，专业的幼儿园教师应该怎样智慧地工作呢？

第一节 观察，教师专业的体现

一、为什么幼儿园教师要开展观察

2012年教育部出台了《幼儿园教师专业标准（试行）》（以下简称《专业标准》）。《专业标准》中对幼儿园教师专业能力的要求明确提出：有效运用观察等多种方法，客观地、全面地了解和评价幼儿。

2012年10月，教育部颁发的《3—6岁儿童学习与发展指南》（以下简称《指南》）中明确指出：要关注幼儿身心全面和谐发展。要注重学习与发展各领域之间的相互渗透和整合，从不同角度促进幼儿全面协调发展，而不要片面追求某一方面或几个方面的发展。教师要如何做到从不同角度促进幼儿全面协调发展？前提是教师对幼儿的观察。

自2016年至今，市面上出版了很多专家学者针对幼儿园教师的专业观察指导类型的书。例如，上海教育出版社2017年12月出版、王菁主编的《用专业的心，让观察更有温度》，华东师范大学出版社2017年5月出版、侯素雯和林建华主编的《幼儿行为观察与指导这样做》，华东师范大学出版社2017年7月出版、李晓巍编著的《幼儿行为观察与案例》，2013年1月蔡春美、洪福财主编的《幼儿行为观察与记录》，广东教育出版社2017年8月出版、李思娴编著的《做有力量的教师——观察与支持儿童的学习》，［美］盖伊·格朗兰德主编的《聚焦式观察：儿童观察、评价与课程设计》，［美］沃伦·R.本特森编著的《观察儿童》、［美］德布·柯蒂斯、玛吉·卡特编著的《观察的艺术》，等等。这些书籍在理论和实践层面上给予了教师不同的观察方法支持，提供了大量量化的抑或质性的观察思路、案例与工具，为教师学习科学观察提供了良好的脚手架。

不论是《专业标准》中要求教师"有效运用观察等多种方法，客观地、全面地了解和评价幼儿"，还是《指南》中提出的"关注幼儿身心全面和谐发展"，都体现了国家将幼儿园教师的观察能力作为其专业标准的重要依据。教师在一日活动中要做到对幼儿进行有目的、有针对性的观察，并给予科学的分析，从而制订出相应的策略，以促进幼儿的发展。

在实践中我们也可以看到，对幼儿及游戏的观察是近几年国内幼儿园教研、培训的热点之一。从日常观察到学习故事再到幼儿园教师观察专业知识的竞赛，越来越聚焦于教师如何正确地观察和看待幼儿一日活动中有价值的点，如何进行分析、研究、反思和追踪。因此，行之有效地观察已成为目前幼儿园教师需具备的最重要的专业能力。

二、幼儿园教师开展观察有多难

某日，园长在巡班时无意中听到两位老师的对话。

小梁老师："张老师，你的观察记录写了吗？"

张老师："唉，上星期你请假，我一个人带班，还要搞环境布置，哪有时间去观察孩子啊。我昨晚在家随便写的，也不知道园长会不会让我重写。"

小梁老师："我还没写呢，都不知道写什么。辛苦你带下班，我得赶紧去办公室找度娘帮忙，不然明天没东西交。"

张老师："去吧，去吧，你要快点搞定哈，家园联系手册还没写呢。"

小梁老师："唉，家长才不管我们有没有写观察记录，他们只关心孩子有没有学到东西，老师有没有写一些好听的话在家园联系手册上，好吧，我先去。"

听到这里，园长陷入了沉思：幼儿园教师开展观察真是难啊！

幼儿园教师开展观察到底有多难呢？我们所属的坦洲镇中心幼儿园是一所镇区幼儿园，远离市区，能得到的辐射和培训机会不多，较少获得外界的支持。虽然通过多种途径的学习、耳濡目染，幼儿园教师也意识到了观察的重要性，但在实际开展观察评价幼儿的工作中，幼儿园教师，尤其是农村幼儿园教师会遇到很多问题。

1. 小学化严重，教师缺少观察内容

农村幼儿园小学化问题严重，知识性的学习代替了游戏。幼儿园教师一方面被家长怪罪教的知识太少，以至于他们的孩子刚上小学时很吃力；另一方面又被小学老师指责拼音教得不准确、写字笔顺不对等。夹在两者之间的幼儿园教师也很苦闷：一个班级哪几名幼儿调皮，哪几名幼儿字写得好，哪几名幼儿不是很灵光，教师心里都有数。观察来观察去不就是看住那些调皮的幼儿不要伤害到同伴？

2. 家长不理解，教师的观察没意义

案例中，小梁老师说："家长才不管我们有没有写观察记录，他们只关心孩子有没有学到东西，老师有没有写一些好听的话在家园联系手册上。"这虽是老师的一己之见，但也可反映出家长更喜欢听教师反馈表扬的话语，不喜欢教师将观察到的幼儿情况如实反映。而以下这个小案例就更能反映出家长听到教师观察反馈后的态度。

泽泽是个单亲家庭的孩子，父亲经常不在家，他平时就跟爷爷奶奶一起生活。老师发现他很容易有情绪，一不高兴就滚地板或是拍墙，于是向爷爷反馈情况，爷爷说："他在家挺好的，到幼儿园怎么这样了呢？"老师说："他发起脾气来还会踢其他的小朋友。"爷爷说："他很胆小的，他不会踢人的。"老师只好默默不语……

可见，教师将观察到的现象向家长反馈、试图了解幼儿在家的情况时，家长对幼儿在园的表现很难理解，觉得教师是在夸大其词地描述幼儿的情况，教师也只能保持缄默。久而久之，这名幼儿的情况及家长的态度在教师的心目中就已定格，教师也会下意识地不去观察关注此幼儿，因为觉得观察了也没意义。

3. 园内事务多，教师没有时间观察

案例中小梁老师与张老师的对话，最明显反映的就是幼儿园教师事务多：一个人带班、环境布置、写观察笔记、写家园联系手册。的确，幼儿园内的工作是一个萝卜一个坑，少了一人都会增加另一个人的工作量。教师们疲于应对各种事务性的工作，做完一件又一件，根本就没有时间静下来好好地观察幼儿。

4. 专业引领少，教师观察难以深入

幼儿园教师都知道观察记录是一份文案，每月都必须上交，但是交了之后

没有下文，教师不知道自己写得怎么样，反正完成任务了就行。张老师说"也不知道园长会不会让我重写"，反映出至少这个园是园长在把关质量，而更多的园所却没有专业的人员对观察记录进行审核与引领，导致教师的观察停留在表面，不够深入，不能有效解决观察到的问题。

5. 自身观念差，教师观察意识不强

案例中张老师说："哪有时间去观察孩子啊，我昨晚在家随便写的。"小梁老师说："我得赶紧去办公室找度娘帮忙，不然明天没东西交。"这都反映出，虽然园领导对幼儿园教师开展观察、撰写观察记录有要求，但是教师们观察幼儿的意识仍不强，有各种理由任务性地完成观察记录。归根结底，还是幼儿园教师的教育观、儿童观没有转变，他们不认为幼儿是可以发展的个体，喜欢凭经验去给幼儿下结论，从而不愿意去观察幼儿在园的行为，不愿意去花时间发现幼儿行为背后的原因。

以上观察的难处在多数农村幼儿园都很常见，但如何去改变现状呢？首先，要对现有师资进行分析。坦洲镇中心幼儿园园内一线教师共有28人，其中23—35岁的教师占比3/4，青年教师居多。教师对专业成长的学习充满了需求和热情，希望能改变现状、突破自我。另外，要加快教师对观察的认同度，提升教师观察的技能。通过专业的学习，教师们发现，只有观察幼儿、了解幼儿，科学地开展保教活动，才更有底气、有方法引导家长正确看待幼儿、正确看待幼儿教育，进而提升全社会对幼儿园教师专业的认可度和尊重。

那么，如何把这群充满热情和想法的教师组织起来？如何充分调动幼儿教师观察幼儿的兴趣？我们为此开启了漫长的探索之旅。

第二节　观察，教师工作的法宝

一、什么是观察

观察是教师应具备的重要能力，也是教师把握幼儿已有经验、了解幼儿发展状况的基本途径，教师可以在教育活动中通过观察收集信息、分析信息，并为有效的决策提供科学的支持。

知识加油站

1. 教师观察不仅是教师专业研究活动的行为方式，也是教师日常教学活动的行为方式，还是教师谋求自身专业发展的行为方式。

2. 它是教师理解儿童发展特点和需要的前提，有目的、有计划地观察所收集到的信息有助于增进教师对儿童内部心理和动机的真正理解，从而促进儿童个性化的发展。

来源：

[1] 赵立允.教师观察能力与课堂有效性研究 [J].河北广播电视大学学报，2010（3）：65–67.

[2] 朱萌萌.幼儿园游戏活动中教师有效观察研究 [D].重庆：西南大学，2017：27–33.

二、教师怎样看待观察

通过一段时间的学习，教师们意识到观察确实重要。那么，在他们眼中观察到底有多重要呢？对此，进行举例说明。

1. 通过观察，更能发现幼儿的变化

A教师：浩浩小朋友是个内向的孩子。每次室内区域活动时，他都不会主动去挑选材料，而是默默地站在别的小朋友身后观看。在一次室内区域活动中，我观察到浩浩小朋友竟然主动挑选了一份拼图材料，拿到材料后，他还按照提示卡把拼图完整地拼了出来，这让我对他刮目相看。之前，我一直以为他就是个沉默寡言、内向且做事不主动的孩子，真没想到，他敢尝试玩拼图了。幸好我看到了这一幕，真的很期待他会有更多的进步和变化。

教师通过对浩浩小朋友的观察，发现了浩浩由默默观望到亲身操作、由被动到主动的学习过程。如果教师没有观察的意识，如果教师没有发现浩浩的变化，那么浩浩在教师心中一直会是一名"内向、不主动"的幼儿，久而久之，浩浩的同伴都会觉得他是个不爱说话、不敢尝试的幼儿。所以说，教师对幼儿的观察不仅能及时地发现幼儿的变化，还容易发现每名幼儿独特的学习方式。针对浩浩，在以后的活动中，教师就不会再急于要求他在集体面前去展现自己，而是会给予他时间，默默地观察他的一举一动，静候花开。

2. 通过观察，更能有目的地调整区域材料

B教师：我前几天买了一份保龄球的材料投放在益智区。一开始，孩子们对这份材料还很有兴趣，大约过了半个月后，我观察到这份材料无人问津了。怎么办呢？我尝试着给这份材料增添了记录卡，用数字来记录每次投掷的成绩，把原本一个人玩的保龄球变成了两人对抗的游戏。调整后，保龄球又开始受到孩子们的喜爱。

教师通过在区域活动中对幼儿与材料进行互动观察，发现有些材料在投入一段时间后便不能引起幼儿的兴趣。于是，教师进行了思考并根据5岁左右的幼儿喜欢挑战、对抗的年龄特点调整了材料，增添了记录卡，让原本只适合一个幼儿操作的材料变成了两人对决的材料，增添了幼儿游戏的乐趣。

3. 通过观察，更能有针对性地进行个别化指导

C教师：之前在沙水区里，我只是把关注的重点放在幼儿有没有用铲子攻击别人，有没有把沙子弄到别人的身上。自从我园开展了观察教研活动后，我开始学会把观察的重点放在幼儿在沙水区里的游戏状态上。

今天一到沙水区，我发现淇淇小朋友对小动物很感兴趣。她先是拿了很多的小动物，有鲨鱼、金鱼，还有小企鹅，然后再把小动物放在沙地上，接着淇淇挖了个小坑，往里面倒入了一些水，把这些小动物都放进了水坑里，她用手在水坑里不停地搅拌着，看着小动物在她的搅拌下不停地翻滚，她乐此不疲。

我走近淇淇，蹲下来说："淇淇，你觉得这些小动物是生活在一起的吗？"淇淇思考了一下说："不是的。""企鹅生活在哪里？"我问。"企鹅生活在南极。"淇淇说。"鲨鱼呢？"我接着问。"鲨鱼生活在大海里。"淇淇说。"小金鱼呢？"我又问淇淇。"小金鱼生活在池塘里。""你回答得很正确。你觉得企鹅喜欢玩什么样的游戏？"我继续问淇淇。"企鹅喜欢玩滚雪球的游戏。"淇淇边说边把企鹅从水坑里拿起来，她用手把旁边的沙子抹平，然后把企鹅放在上面滚来滚去，玩得可开心啦。

游戏中的淇淇小朋友原本是没有目的地玩耍。教师观察到这一现象后，便根据她手中的材料进行了有效的提问。通过教师的提问，淇淇小朋友对小动物们的生活习性有了更深刻的认知，还能创造出适合企鹅玩耍的场景来。教师的指导既提升了淇淇的游戏水平，又开阔了她的视野、丰富了她的想象力，让淇淇在玩沙水中有了更深的思考。

4. 通过观察，更有利于开展家长工作

D教师：小班的小宇是个脾气暴躁的孩子。很小的事情都容易让他发脾气，哭闹不止。我向家长反映小宇的情况时，家长说小宇在家也是如此，并表示对小宇暴躁的性格很无奈，希望我能帮助小宇早日改正不好的脾气。

最近一段时间，我发现每次在美术活动中，小宇绘画时总是十分专注，而且线条的运用和色彩的搭配都很好。于是，我及时地与家长进行了沟通，把小宇在美术活动中表现出的专注力和绘画能力都如实地告诉了家长，并建议家长从孩子的兴趣点入手，通过绘画来增强他的专注性与耐性。家长听后激动不已地说："我之前怎么没发现小宇喜欢画画呢。谢谢老师对小宇的关心与帮助。我一定会听老师的，今后多陪孩子画画。班上有什么需要帮忙的我一定会全力以赴。"

现在的小宇性格有了明显的转变，发脾气的次数少了，耐性强了。家长对于小宇的改变更是开心至极。从此以后，小宇家长成了我的铁杆粉丝，对于幼

儿园或是班级活动，小宇家长总是第一个响应支持，并全力以赴。

家长是幼儿园的重要合作伙伴。有些家长并不了解幼儿园的教育目标、幼儿在园情况，因此很难做到与幼儿园主动配合。上述案例中的教师能在活动中观察到幼儿的表现，并及时给予家长有建设性的建议。家长、教师联合起来培育幼儿，最终幼儿的性格有了明显的转变。教师在收获了幼儿进步的同时也收获了家长的支持与信任。

5. 通过观察，教师专业发展的方向更明确

E教师：我在幼儿园工作了8年，之前我们带班的方式经常是不准幼儿做这个、玩那个，户外游戏时也要求幼儿一定要按照老师的要求来玩。这样主要是便于管理幼儿，生怕他们出现一点意外。现在我会去观察幼儿，带领他们游戏时不再是高控式的管理了，在保证全体幼儿安全的同时我还能够做到有针对性地观察个别幼儿在游戏中的表现。每天我都能发现幼儿身上与众不同的亮点。观察让我对幼儿有了全新的认识。我很喜欢现在的工作模式。

以前教师的工作更多地倾向于劳动、体力方向，高控地管理着幼儿，生怕幼儿出现意外。他们日复一日机械地重复着，漫无目的。通过观察，教师发现原来每个幼儿都是与众不同的，他们身上每天都有不同的故事发生，教师通过观察对每个幼儿都有了全新的认识，教师的工作状态充满挑战、干劲十足。教师是需要与时俱进的，在学习了一系列知识、掌握了一些观察方法后，教师对自己的专业成长有了方向，看到了曙光，因此在工作中也变得更加自信。

三、教师会观察吗

A教师：在选择观察对象时，我会观察家长特别提醒的患病儿和那些攻击性强的幼儿。

B教师：我每周都会写一篇观察记录，看到什么写什么，但是写来写去，我发现对幼儿也没有什么作用，这是为什么呢？

C教师：我觉得对于有些幼儿观察了作用也不大，因为他的性格就那样，情绪是很明显，不用细看也知道他下一步要做什么。

D教师：我喜欢观察幼儿，看到他们的变化时心里特别满足，但我不知道自己下一步该怎么做才能促进他们的发展。

深入分析教师的观察技能，我们发现，相当多教师虽然重视观察，但不会科学观察，在开展观察的过程中，会出现常见的误区。

1. 将问题监控等同于专业观察，难以发现有价值的观察点

问题监控就是教师为了尽量使幼儿在可控范围内，对一日活动中预计会发生的潜在问题随时进行观察、戒备与监控。正如A教师所言，"患病儿、攻击性强的幼儿"是她的观察重点，因为有家长交代、怕出事，所以教师得随时监控着这些有特殊需要的幼儿。如果是这种观察，教师只会关注幼儿喝了几杯水、打了哪个同伴等具体的事件，难以发现幼儿在一日活动中对什么感兴趣、遇到了哪些困难、有没有解决问题等有价值的观察点，也不会想可以用什么样的策略去支持幼儿成长、提升幼儿能力。

而专业的观察是指教师对幼儿进行有目的的观察，教师在了解幼儿原有经验的基础上，观察幼儿在活动中是如何获得新经验、教师是如何支持其获得成功的连续性过程。专业的观察包括观察幼儿的行为、分析幼儿的行为以及提供支持策略三大部分，如果观察到的内容没有价值就很难分析幼儿的行为，也就不能促进幼儿的发展（如表1-1）。

表1-1　问题监控与专业观察对比

类　型	对　象	目　的	方　法	效　果
问题监控	问题儿童/儿童的问题	发现问题整改问题	随　机（惯性思维）	（1）幼儿发展效果不明显。（2）教师工作状态疲惫
专业观察	全体儿童	了解幼儿强化优点	有目的、有计划（追随儿童）	（1）有针对性地促进幼儿发展。（2）教师更科学地观察和反思自我

2. 以碎片式观察给幼儿下定论，缺乏系统连贯性

目前，对于众多幼儿园教师的观察而言，由于缺乏观察意识和目的性，他们的观察兴趣和动机往往是由幼儿某些偶发的、有趣的、不同寻常的、令人惊异的行为而引发的，因而他们对幼儿行为的记录往往会比较粗略，缺乏必要的细节和观察的连续性，常常会根据某个小片段给幼儿下定论。这种碎片式的观察缺少对幼儿整体的理解，没有把幼儿作为一个发展中的个体来看待。

例如，某教师观察到小班两名幼儿在阅读区共同翻阅图书，持续时间有5分钟左右，过程中更换了多本图书，也没有语言交流。观察之后，该教师就做出了"两位幼儿语言表达能力较弱、专注力不够"等评价。显然，这样的判断是缺乏依据的、是片面的，这样的观察是缺乏连贯性的、是欠完整的。我们不能从一个观察记录就判断出幼儿某方面的能力水平，也不能将幼儿偶发的行为表现与经常性的行为表现进行比较，更不能用一次的观察就做出定论性的评价。

3. 以经验式判断代替科学分析，带有很强的主观性

笑笑小朋友平时比较羞怯，不太合群，没有什么想法。一日，我在班上新增了软积木，笑笑也想去玩。我说："笑笑，你会搭吗？"笑笑很自信地说："我会。"我有点半信半疑地说："那你搭给我看看吧。"说完，我并没有留意笑笑玩积木的情况，但是在区域活动结束时，笑笑硬把我拉过去看她搭的城堡，她还真的搭成了！

教师的观察需要专业的视角与判断。但对于工龄稍长些的教师而言，他们在观察幼儿或事件时，往往会根据自己工作经验的积累，在看到幼儿表面的情绪与动作后，便会依据成人的经验和道德标准去对幼儿进行所谓的教育，对一些事物做出自我判断和处理。

上述案例中，教师一开始凭经验认为笑笑是个羞怯、不合群、没有主见的幼儿，接着在积木拼搭时对她半信半疑，结果，笑笑最后成功地搭建了一座独特的城堡。这时，教师才发现笑笑是有想法并且有能力建构她喜欢的作品的，笑笑也用事实证明了教师在活动前对她的主观意识判断是错误的。

没有客观的观察就没有科学的分析。当教师以自我经验去观察与评价幼儿时，幼儿的闪光点很难被发现，幼儿解决问题的过程也不容易被教师看到，从而导致分析不具体、不能真正反映幼儿的学习状态。

4. 评价与回应停留在纸上，缺乏有效的支持策略

教师的观察，较多时候只是记录了幼儿在活动中的表现，在需要教师后续提供的支持和策略部分往往只是三言两语就带过，没有实用性。个别教师在策略方面略显专业，但也都是老生常谈。例如，要在美工区添加一些低结构的材料；要和家长反馈幼儿在园的表现，做到家园共育等。

教师们普遍认为分析原因并提出策略是观察中最大的难题。这也显示了我园教师缺少对幼儿各年龄阶段心理认知发展轨迹的了解，以至于不能科学地分析出幼儿行为背后的动机，不能真正去解读幼儿的行为，更不擅长提出相应的有助于幼儿发展的支持策略，搭建适宜幼儿发展的脚手架。即使有策略，也都是纸上谈兵式地提出，并没有真正引发教师的反思并将其付诸实施，也不会真正对幼儿的学习和发展产生影响。因此，观察后提出的调整策略必须付诸实施，并要进一步在实践中检验其可行性和效果，这就是教师的行动研究，也是教师提高自身专业能力的一种途径。唯有如此，教师才能感受到专业观察的价值和魅力。

经过一系列的调查，我们陷入沉思，应该如何解决这些问题呢？我们迫切需要通过课题研究的方法过程来一一反思，帮助教师在观察过程中树立正确的教育观、儿童观、教师观。让幼儿园教师成为爱观察、会观察、善观察的专业教师。

第二章

幼儿园常用的观察方法有哪些

怎样才能成为会观察的、专业的幼儿园教师呢？常用的观察方法有很多，在实际工作中，我们应该在什么时候、运用何种方法来观察幼儿呢？教育科研中的观察，可以从不同的角度划分为不同的类型。例如，自然观察与实验观察、现场参与性观察与客观观察、系统观察与局部的个别观察、封闭式观察与开放式观察、正式观察与非正式观察、叙述性观察、取样观察与观察评定……

然而，幼儿园教师的观察与研究者的观察是有区别的。幼儿园教师需要的观察方法是可以信手拈来的，是便于日常教学和幼儿生活观察的，是一种更平和、更自然的观察方式。幼儿园教师的观察可以是随笔、是案例、是故事，也可以是一段文字、一个表格、一张照片。那么，哪些才是既科学又实用的观察方法呢？

综合以上情况，我们对常用的观察方法进行了梳理，并重点分析了叙事性观察、取样观察、观察评定这三种方法在幼儿园中的应用。

第一节　叙事性观察法——讲述故事

　　叙事性观察方法也称描述性观察法，它是随着行为或事件的发生，自然地将它再现出来，观察者详细地做观察记录，然后对观察资料进行分类，并分析研究。简单来说，叙事性观察就是教师观察单个幼儿或者一群幼儿，并用文字记录下观察到的情境。

　　观察对象：柏浩

　　年龄：5岁半

　　时间：15：00—16：00

　　地点：户外活动场地

　　今天天气有点炎热，不一会儿，小朋友们纷纷流汗了。这时候，柏浩小朋友搬来了高度不一的四个梯子，还有长度不一的好几块木板，然后开始搭建起来，柏浩说要搭建一个帐篷。他先将两个梯子打开，再平行地摆放在草地上，然后把一块木板放在两个梯子的上面，另外两个梯子也按照同样的方法摆弄起来。接着，柏浩把其他几块木板横着叠放在梯子上的木板上，这样，就形成了十字叠放的效果了。但是，由于梯子的高度不一致，当放第三块木板的时候，木板出现了向下倾滑的现象。同时，柏浩也发现木板正向下滑，马上把木板接住，然后又摆回去，当木板不再移动，才放开小手，接着他想继续放其他木板。

　　这时候，我来到他的身边，用手轻轻地拍了拍刚才那块木板，木板就出现了上下摇摆的现象。我轻声问："柏浩，你确定木板这样摆放是稳固的吗？"他有点不好意思地说："不稳固。"我接着问："那么是什么原因呢？"他看了看，想了想，一下子如若醒悟地大声回答道："哦，我知道了，因为梯子的高度不一样，木板就会向下滑。""林老师，我知道该怎样做了。"说完，他马上到材料区搬梯子去了。

分析与评价：

柏浩小朋友根据自己的想法，自主选择游戏材料，搭建自己心中的帐篷。在游戏过程中，柏浩的动手能力比较强，很快就搬来了所需要的材料进行搭建。当发现木板向下滑时，能马上发现问题。在老师的引导下，通过观察、比较和分析，发现梯子的高度不一致所产生的因果关系。

柏浩小朋友善于动手和动脑筋寻找解决问题的方法，愿意和老师讨论问题，并乐于与老师分享自己的想法。具有自主游戏、有创造力和想象力、勇于探索、克服困难等良好学习品质。大班幼儿的思维仍然是具体形象的，但也有了抽象概况性的萌芽，幼儿已掌握木板的十字叠放、平铺摆放等操作方法。

教师可以鼓励幼儿运用更多的操作方法进行游戏，如架空、拼接、合并等，丰富幼儿的游戏；教师还可以鼓励幼儿在游戏中善于发现问题，并通过自己的不断尝试去解决问题，增强幼儿的自信心和游戏能力，丰富和提升幼儿的游戏经验。

从案例中可以看出，叙事性观察应该包括的主要要素有：观察对象及年龄、观察时间、观察地点、观察对象所处的环境、观察对象的发展和变化，即通过对幼儿表情、动作和语言的叙述，让读者了解到幼儿所发生的新行为、新事情。通过案例，我们可以了解到观察对象的姓名、年龄、时间、场地以及幼儿在游戏中发现问题、解决问题的过程。这些观察不仅方便教师对幼儿的发展做出评价，也可以让家长更清晰、更详细地了解到幼儿行为发生的整体性和全面性。

叙事性观察法把幼儿的发展置于真实的生活情境中加以考察，记录简便。通过长期不间断的记录，可以全面详尽地了解幼儿各方面的发展，掌握幼儿的发展过程。同时，叙事性观察也存在一定的局限性，因为这样的观察会带有教师的主观意识，不能很客观地去观察和描述幼儿的行为。特别是在一些教师的观察记录当中，会很明显地发现，很多描述的语言都是以教师为中心、以经验为中心的，没有更全面地去观察与评价幼儿。实际上，教师开展叙事性观察有技巧可循。

一、轶事记录，深挖一个事件

炜杰这段时间的情绪不太稳定。首先是在早上来园的时候，情绪很不稳定，每天都要爸爸妈妈送来活动室，哭闹几分钟后，他才非常开心地与伙伴们玩耍起来；吃早餐的时候，他突然又开始哭泣起来，无论老师如何劝解都毫无效果，哭了几分钟后，他又停止了哭泣，开心地吃早餐；午餐吃到一半的时候，他又开始慢慢哭泣……这样的情绪已经持续了两个星期。

跟家长了解情况后发现，原来炜杰的哭闹是由多种原因造成的。一是由于与父母分开睡，缺乏安全感；二是中午在幼儿园午睡时尿床；三是由于家里发生了一些事情，请了两周的假。我尝试着询问炜杰周末在家发生了什么事，问了很久之后，炜杰才张嘴说："爷爷周六出去了，留下我一个人在家。"我马上反应说："我知道你当时肯定很害怕，你很勇敢，没关系，已经过去了。"说完之后我马上抱着炜杰，不停地告诉炜杰我知道他害怕，我知道他恐惧。当我做完这些事情之后，我感觉炜杰对我的依赖强了，更加信任我了。

这次之后，炜杰的情绪开始慢慢稳定下来，早上入园的反抗情绪也没那么强烈了。过了几天，他可以开心地上幼儿园了，露出了很久未见的灿烂笑容。

以上案例，如果只是单看幼儿的行为，教师会认为大班的幼儿闹情绪是多么不懂事，多么不会控制自己。但是，通过教师一段时间的观察，积极地寻找问题的原因，最后发现幼儿并非无理取闹，其情绪已经处于崩溃阶段，非常需要别人的认可。他知道父母期望他独立，但又没办法做到，他不会以正确的方式释放自己的情绪，只能通过哭闹去发泄。如果教师不留心观察、不持续跟进、不反复去寻找原因，是很难理解、帮助幼儿的。

这是一个轶事记录，是教师对一个完整事件的回忆与描述。在科学上，这类观察方法一般不被接受，但由它获得的证据通常可作为进一步系统研究的参考，它着重记录观察者认为有价值、有意义的资料和信息，一般是观察对象的典型行为或异常行为。这种记录方式简单方便，可以将幼儿在各种自然生活情况下自然表露的行为特点直接而具体地记录下来，作为幼儿性格、道德品质等方面的评价资料。教师进行此类记录时，要淡化个人好恶的感情色彩，不单看事件表面，不轻易放过看似不重要，却对幼儿发展起到促进作用的情节。

二、连续追踪观察，记录前因后果

连续记录法比轶事记录法要难一些，因为连续记录法要求对幼儿的行为做更详细、完整的记录，要对幼儿的行为特点进行一段时间或者是一个月的连续性观察。同时，要求教师对观察情景尽可能完整还原，记录当时的语言，让大家在阅读的时候能想象到当时的情景。

淇淇小朋友自入园以来，无论是对生活还是活动都不适应，饭吃得又少又慢，动手能力差，生活自理能力差，走路容易摔跤，没有同伴一起游戏。将近一学年的幼儿园生活，除了语言表达能力有了明显的进步之外，其他各方面几乎没什么改变。这些，都是我们之前对淇淇的印象，事实真的如此吗？6月份我把观察的重心放在了淇淇身上。

需要鼓励的淇淇

6月9日，早操时，一开始淇淇和以前一样，站着不动，两眼无神，到处张望。"淇淇，动起来。"我满脸微笑地鼓励着她。她开始慢慢地动了起来。其间，当她想要停下来的时候，我都会及时地给她一个鼓励的眼神，她就又跟着大家一起跳动起来，这样一直坚持到早操结束。整个过程中，淇淇虽然动作不够有力，也跟不上节奏，但她终于第一次从头到尾跟着老师做完早操。

教师反思：

在这个活动中，我可以发现淇淇非常需要我的鼓励，在我的鼓励下淇淇能坚持做完早操，有做早操的体力与能力。但为什么她会如此依赖老师的鼓励呢？

老师再抱抱我吧

6月12日，晨间锻炼时，我抱着淇淇说："淇淇，你想快快长高长大吗？""想啊。"淇淇回答我。"那你不要挑食，什么都要吃。这样你很快就会长高长大的。"我接着说。"好的。"淇淇大声地回答我。早餐10多分钟后，有一半的小朋友都吃完了。淇淇拿着碗向我走来，还把碗举起来对我说：
"梁老师，我很快就要吃完了。""哇，淇淇今天吃得真快。"我由衷地称赞
了她。"等我吃完了你再抱抱我吧。"她一脸认真地看着我说。我不假思索地
抱起了她，直到她吃完。我还在她的额头上亲了一下。淇淇笑了。

教师反思：

淇淇，这是我第一次看到她吃完了全部的食物，并且速度还不算慢。其
动力竟然是晨练时老师给她的一个拥抱。原来，淇淇并不是一个不主动的小女
孩。她很在意老师对她爱的表达，很有想法，会主动寻求老师的帮助，积极与
成人互动。所以老师今后应该多正面地鼓励与支持淇淇，多欣赏淇淇的行为，
及时对她进行肯定。

生日蛋糕

6月20日，建构活动中，我看到淇淇拿着几个三角形的木块在和翔翔一起
拼搭。我问："淇淇，你们在做什么呢？""我在做生日蛋糕。"淇淇回头看
着我说。她和翔翔用三角形的木块在地上摆了一个不规则的图形后说："蛋糕
做好了。""你做的是什么形状的蛋糕呀？"我问她。"圆形的。"淇淇说。
"你这个蛋糕是圆形的吗？"我反问。淇淇看了一眼地上的"蛋糕"，说"不
是圆形的"。"那什么样的木块能很容易拼成圆形呢？"我接着问。淇淇没有
回答我，而是用眼睛到处寻找合适的材料。大约看了2分钟后，她还是一脸茫
然。我拿起了身边的两个半圆的木块，装作不经意的样子放在她的面前。这
时，淇淇眼睛一亮，拿起那两个半圆的木块拼在了一起，高兴地说："老师，
蛋糕做好了。""你的圆形蛋糕是用什么形状的木块拼起来的？""两个半
圆。"她毫不含糊地回答了我。后来，她又找来了4根一模一样的"蜡烛"。
其间，她还很有礼貌地问小妹借"蜡烛"，她说："小妹，借我一根蜡烛好
吗？"小妹欣然给了她一根小圆柱体。

教师反思：

过去，我以为淇淇是一个不善于游戏、无所事事的幼儿。但是在这个案例
中，我看到了淇淇能主动跟小朋友交往，而且有自己的想法，在需要借用别人

的材料时，敢于并且有礼貌地向他人借东西。这些都能看出淇淇有社会交往的愿望、胆量、语言能力，体现了很好的社会交往水平。其次，她发现了更有利的建构材料，能比较快地对自己的游戏进行改进，是个积极学习的幼儿。

连续记录观察法不需要预先制订计划，也不需要对观察对象进行专门的培训，可以随时随地进行观察，是比较实用方便的。连续性观察的记录方法可以是描述性地叙述，也可以用图表将结果表示出来。不过在观察之前应该规划好观察的场地或对象，最好记录幼儿在自由活动时间从事了哪些活动，做了什么事情。

这里介绍的两种记录方式，无论是深挖一个事件分析原因还是连续追踪观察，其本质都是一样的，都是通过观察还原一个完整的幼儿。值得注意的是，这种观察特别强调不要通过一个事件就对幼儿下结论，即使是连续观察一段时间，我们还是会存在很多困惑，如淇淇还有更多的变化吗？教师通过哪些观察去重构淇淇的形象呢？

第二节　取样观察法——寻找典型

取样观察法是一种比较严格、系统的观察方法。取样就是对行为或事件的选择，教师需要选取一部分有代表性的行为或事件进行观察。取样观察法不像叙述性方法那样详细描述行为，而是选取"目标行为"进行观察，取样观察方法在观察前要做大量的准备工作，包括选择行为样本、决定观察的形式以及设计表格等。取样观察就是让观察者减少记录所需的时间，在短时间内获得更具有代表性的资料，而且方便统计。取样方法又可以分为两种：时间取样法和事件取样法。

一、时间取样法

时间取样法就是在一个确定的较短的时间段里，选择一定的行为事件样例或样本进行观察，对幼儿在每个时间段内的行为事件进行记录。时间取样法对行为的记录不是描述性的，而是在观察的基础上，记录行为是否呈现、呈现频率及持续时间等情况。

在这份量表上，可以更好地观察幼儿的游戏行为，可以在一定的时间观察一名或多名幼儿在固定时间段的亲社会行为（如表2-1）。在对每个幼儿观察一段时间之后，就可以看出他（她）在亲社会行为方面的表现怎么样。通过对不同年龄段使用这个量表观察后能发现幼儿的亲社会性行为呈现一种发展的顺序性：较小的幼儿最初更多的是独自活动，以后随年龄增长，出现平行游戏，年龄较大的幼儿更多时间进行联合游戏，甚至是社会参与度较高的合作游戏或小组游戏。

表2-1　亲社会行为记录表

儿童姓名：成成　　　　年龄：5岁　　　　性别：男

时间段	日期	开始时间	结束时间	行为有否发生					备注：可标注某个行为持续时间
				合作	分享	谦让	帮助	同情	
1	3月18日	9：00	11：00	√		√	√	√	合作持续30分钟
2	3月19日	9：00	11：00	√	√	√			合作持续10分钟
3	3月20日	9：00	11：00	√	√	√			合作持续30分钟
4	3月21日	9：00	11：00	√	√	√			合作持续30分钟
5	3月22日	9：00	11：00	√	√	√			合作持续40分钟

　　时间取样法的优点有很多，如观察的目标明确、观察过程与分析过程简化方便，能在较短的时间内获得有关习惯频率等方面的代表性资料，特别有助于确定行为的时间模式，但时间取样策略也存在局限性。首先，它仅仅适用于经常发生的行为；其次，时间取样策略难以识别行为的环境信息和行为发生的顺序与连续性。所以，有些研究要采用其他的观察策略，如事件取样法等。

二、事件取样法

　　事件取样法要预先选取行为或事件作为观察样本，但是与时间取样不同，它更注重的是行为事件本身，而不是行为所发生的时间间隔。运用事件取样观察法，教师需要等待所选行为、事件的发生，然后做记录，侧重事件的性质、过程及起因等，可以是叙述式的观察记录，也可以做编码记录。例如，某天老师发现一个幼儿在午餐前这段时间经常要上厕所，老师针对这个幼儿的行为进行了多次观察，这就是事件取样。

　　通过对角色游戏观察表（如表2-2）的运用，我们可以清晰地看到幼儿在角色游戏时的情况：小班第一学期的幼儿在娃娃家角色游戏中还处于比较弱的游戏水平，基本上都是围绕着做饭和吃饭这些最简单的游戏情节来进行，没有加入更丰富的游戏情节。在角色扮演这一块，很多幼儿能够清楚自己扮演的角色，并且不会混乱这些角色，能根据角色做出相应的角色行为。另外，通过观察我们发现，幼儿能自发地组织建构游戏的框架、计划游戏情节、分配游戏角

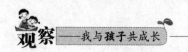

色。教师发现小柔的社会互动性是比较弱的，以后的活动中可以多鼓励小柔与同伴一起游戏。

表2-2　角色游戏观察表

班级：小一班
角色游戏区名称：娃娃家
观察教师：李老师
观察时间：2016年12月8日10：00—10：30

游戏要素		观察情况记录		
		幼儿姓名：晋一	幼儿姓名：明月	幼儿姓名：小柔
角色扮演		假装是爸爸 爸爸在打电话工作	假装是妈妈 妈妈做饭、洗衣服	假装是客人 在餐桌等主人家招呼吃饭
想象的转换	材料	仿真电话代替真实电话	用雪花片代替饭菜	用一个材料代替门铃
	动作	用手假装在打电话	用手直接当铲子在炒菜	假装在吃东西，用牙齿和面部表情表示在吃东西
	情境	"今天晚上下班我回家吃饭"	"我要去买菜做饭了"	"我今天到他家做客"
社会互动		"爸爸"和"妈妈"讨论做饭问题，"我是妈妈，我来做饭。""那她先做吧，我去上班了"	主动和客人打招呼，对客人说："我来做菜给他吃，请等一下"	无
语言沟通	元交际	有代替物的确认："我用这个东西和他打电话，这个是电话来的"	有分配角色行为：指着晋一叫他做爸爸，自己做妈妈。有计划游戏情节：请客人坐好，然后说"我出去做饭，他坐好等吃饭"	代替物的确认：用卡士的酸奶杯做喝水的杯子，然后说："我用这个来喝水吧"
	假装	假装与妈妈打电话，两个小朋友在电话里讨论吃饭问题	假装与爸爸通电话，两个小朋友在讨论吃饭问题	与扮演妈妈的小朋友说了客人来做客，假装在主人家里玩耍
持续性		5分钟	5分钟	5分钟

事件取样法不受事件的限制，因而研究的范围可以更广泛。其特点是观察目标明确、集中，效率较高，但应注意：

（1）确定要观察的特殊事件或行为，并给其下操作定义。

（2）确定要观察的时间和地点。

（3）确定要记录的信息。

事先应对观察的行为进行分类，然后给每个类别标上一定的代号，对照进行记录。此方法克服了一般观察法的弊病，由于它未将行为与行为发生的情境分开，可对研究结果进行因果分析。但是由于它比较注意事件或行为的特征，记录的也主要是与行为或事件的性质有关的信息，因此用此方法获得的材料不易进行定量分析。

时间取样法和事件取样法之间的区别是，时间取样获取资料的重点是事件行为的存在，而事件取样法则着重于行为事件的特点、性质，以此作为观察的重心，而时间在这里仅仅是说明事件持续的特点。在观察时，可根据不同的观察内容进行不同的选择。

第三节　观察评定法——表格应用

观察评定法需要教师在观察的基础上，对行为或事件做出判断，包括两种类型：核对表法与等级评定量表法。此类表格应用是幼儿园中常见的观察评定方法，很多教师都喜欢运用，因为它不需要花太多的时间，可直接对照表格进行判断，简单明了。

一、核对表法

核对表法是指在考虑某一个问题时，先制成一览表对每个项目逐一进行检查，以避免遗漏要点，再获得观念的方法，可用来训练学生思维的紧密性，避免考虑问题有所遗漏。它是将一系列行为项目进行排列，并标明这些项目是否出现的两种选择，供观察者判断后选择其中之一并做出记号的方法。例如，平常我们最常用的是在区域游戏中核对幼儿入区情况（如表2-3）。

表2-3　幼儿入区情况记录表

班级：大二班　　时间：2018年9月26日　　记录教师：邱老师

区域 幼儿	幼儿进区情况					
	数学区	益智区	美工区	建构区	语言区	中餐厅
森森	√					
嘟嘟	√					
倩倩			√			
小美			√			
小仪			√			

续 表

区域／幼儿	幼儿进区情况					
	数学区	益智区	美工区	建构区	语言区	中餐厅
小燕			√			
谦谦				√		
兰兰			√			
花花				√		
雅雅				√		
成成				√		
宝裕						√
小妍						√
泽泽						√
倩妍						√
靖涵						√
欣欣		√				
皓信		√				
浩源		√				

教师根据幼儿选择区域的情况，知道森森和嘟嘟喜欢数学区，倩倩和小美等人喜欢美工区，而语言区没有幼儿选择。这时候，教师就得及时对语言区的材料进行调整，以吸引幼儿的参与。核对表法最突出的特点是使用方便，能迅速有效地记录所需要观察的内容，并迅速得出结论，以便采取下一步的教育措施。但是局限在于，不能提供行为事件性质的资料，只能记录简单行为出现与否。

二、等级评定量表法

等级评定量表法是一种简单的观察测量法，能够将观察所得印象数量化。等级评定量表法与现场直接记录法不同，它往往是在事后依赖记忆做出评定，是对行为事件做出评估，而不是描述。与核对法的不同在于，等级评定法是对行为事件如何呈现，及其在程度上的差别做出判断，确定等级，即将观察所得信息数量化。而核对法是对行为呈现与否进行判断核查。

特性等级评定是在观察前先确定所要观察的内容，并按一定的标准将这些项目分为几个等级，观察时只注意观察对象的行为表现属于哪个等级。观察后按某特性为某人评定等级，在相当一段时间内进行，常经多次观察后选定行为特性，然后根据某人的行为特征对预定的特性做出等级评定。等级评定量表可分为数字量表、图示量表、标准评定量表、累计评定量表、强迫选择量表。

数字量表上的行为类型以有一定顺序的数字形式确定，观察者只要选择最适宜的数字就能说明被观察的对象。在图示量表上，一条直线表示某一行为，观察者可以沿着直线上的刻度从高到低迅速而简单地做出判断。标准评定量表，将观察对象的行为与总体做比较，以标准分数或百分数加以评价评定。累计评定量表，由一系列评定项目组成作为全部特征的一部分独立表现。强迫选择量表，此类量表给出一系列描述性语言，可以是积极肯定的，也可以是肯定加否定的，评定者必须从中选出一个最符合被评定对象的描述，这种方法也被称为人物推定法（如表2-4）。

表2-4　小三班第一学期幼儿期末教学测评暨发展考核表

内容	问答：他是哪个班的小朋友，叫什么名字？（运用普通话问答）	根据环境中或书本中的物品说出它的名称。教师指，幼儿认	根据教师提供的区角材料进行有序的摆放、操作和收拾	幼儿看水果书上的图说出水果名称，并说说吃过哪些水果	认识1~5的数字。（可教师指幼儿认，也可教师说幼儿取物品）	根据教师提供的物体，正确区分大小，认识圆形、正方形、三角形	能清楚流利地念两首儿歌，边唱学过的一首歌曲边做出动作	认识颜色（红、黄、蓝），画雨点	能用普通话说出本班老师的称呼

指标	A.能运用普通话，清晰连贯地说出内容。B.要分成两个问题才能回答。C.回答吞吐，需连续问	A.准确清晰地回答。B.比较清楚流利地念儿歌。C.不熟悉儿歌内容。	A.动作迅速，操作正确。B.能根据教师的提示较正确地完成。C.动作缓慢，无目的地摆弄	A.清晰准确地说出水果名称。B.较清晰地说出水果名称。C.不认识水果，说不出名称	A.能将1~5全部认读出来。B.只认识其中3个数字。C.达不到B	A.能正确区分，并能清晰回应。B.基本能正确区分，会回应。C.不太会区分	A.清楚流利地念儿歌，边唱边做动作，声量适中。B.比较清晰地念儿歌，只唱不做动作，声音较小。C.不熟悉儿歌内容，不会唱歌曲	A.能说出3种颜色名称，绘画线条流畅。B.能说出2种颜色名称，线条较流畅。C.能说出1种颜色名称，线条不清晰，涂色较乱	A.能清晰准确地使用普通话说。B.较清晰地说。C.说不出班上有哪些老师
1	A	A	A	B	A	A	B	A	A
2	A	B	A	B	A	A	A	A	A
3	A	A	A	A	A	A	A	A	A
4	A	A	A	A	A	A	A	A	A
5	A	A	A	A	A	A	A	A	A
6	A	A	A	B	B	B	A	B	A
7	A	A	B	B	A	A	A	A	A
8	A	A	A	A	A	A	A	A	A
9	A	A	A	A	A	A	A	A	A
10	A	A	A	A	A	A	A	A	A
11	A	A	A	A	A	A	A	A	A
12	A	B	B	A	A	A	B	A	A
13	A	B	B	A	A	A	A	A	A
14	A	A	A	A	A	A	A	A	A
15	A	A	C	B	C	B	B	A	A

16	A	A	A	A	A	A	A	A	A
17	A	B	A	A	B	B	C	A	A
18	A	B	A	A	B	C	A	B	A
19	A	A	A	A	A	A	A	A	A
20	A	A	B	A	A	B	B	B	A
21	A	A	A	A	A	A	A	A	A
22	A	A	A	A	A	A	A	A	A
23	A	A	B	B	A	A	B	B	A
24	A	A	A	A	A	A	A	A	A
25	A	A	A	A	A	A	A	A	A
26	A	A	B	A	B	A	A	B	A
27	A	A	A	A	A	A	A	A	A

本班教师小结与反思：

全班幼儿27名。从横向来看，此次测评获得全A的幼儿有15名，获得B等级以下的幼儿有12名。这说明本次的测试内容有一半以上的幼儿掌握了，还有一小部分幼儿是没有掌握的。没有掌握的原因需要进行分析，有的可能是掌握了，但比较内向，不愿意开口表达。同时，通过评价可以看到部分幼儿在动手操作方面稍微弱一些。下学期，我们可以有针对性地帮助幼儿调整不足，以促进其均衡发展。

从纵向来看，小班幼儿基本上能说出自己的名字和班级、认识班上的老师并能说出其称呼，这对于小班的幼儿来说都没有难度，达标率是100%；在语言表达方面，说出物品名称、水果名称以及念读儿歌方面，达标率有74%；在数学领域，通过测评也可以检验出部分幼儿在认识数字以及图形、大小方面不达标。另外，在区域材料方面，幼儿的操作比较凌乱，在绘画方面表现力很强，想象丰富。

下学期，我们会更加关注个别幼儿的不足，加强对数学的认知和对材料的有序操作，促进全体幼儿全面提高

以上等级评定可以很快让我们知道幼儿对于一学期所学知识量的掌握，这种方式是比较容易编制和使用的，与现场观察记录相比，可在较短的时间迅速做出判断，易于进行定量化分析。但是也有局限性，它是依靠评定者个人做出判断，而非对实际行为的客观记录，因而主观性较高而且容易带有个人偏见；无用功多，常常只见分数、对错，缺乏幼儿鲜活的形象和心理过程，为测评而测评；更适合研究者做数据统计分析，不适宜幼儿教师理解和支持儿童，更无助于教师实际专业能力的发展。

以上各类观察的方法，有非常多的可借鉴之处。但是，这些研究应该结合本土实际情况，结合幼儿园实际的课程进行系统的选择、梳理、整合，甚至需要结合幼儿园教师的个性进行改造创新，才能加强观察评价方法的实操性和实效性。

幼儿教师真正需要的观察方法和工具是什么样的？与大学研究者的观察方法有区别吗？大学教师更多的是需要统计学的东西，需要更多数据化的资料来支撑他的理论，而幼儿园教师每天都身处研究现场，故事和案例无时无刻不在发生。当幼儿在幼儿园时，我们发现，教师很少有时间来静静观察某一个幼儿或某几个幼儿，班上的幼儿太多，教师似乎有心无力，虽然每天朝夕相处，但是他们好像并不真正了解每一个幼儿。这个时候就需要一些实用、便捷、完整的观察方法和体系来帮助我们，创新观察法的运用则为教师们提供了更多独处的机会，让教师们能够在一段时间内静下心来观察幼儿的语言、行为、喜好、习惯……进一步增进对幼儿的了解和认识。

3

第三章

在讲述中构建完整的生活：学习故事

　　经过对各种观察方法的学习和梳理，我们认为类似叙事性的观察方法更适合幼儿教师使用和掌握。2012年起，来自新西兰的学习故事评价体系受到了中国早期教育工作者的高度关注，国内随之掀起了一股"学习故事"浪潮。学习故事作为一种新的评价方式和理念，更受到了幼儿园园长和教师的喜爱。2016年，我园首次接触了学习故事。学习故事用叙事的方式来记录、评价和支持幼儿的学习。它既是一种评价幼儿的方法，也是一种研究方法。学习故事就像一道光，为我园教师观察指明了方向，使大家豁然开朗。

　　我们发现，学习故事作为一种观察和评价方法有三大优点：首先，它所承载的儿童观是积极的、正向的，相信儿童天生是有能力、有自信的学习者；其次，它所观察的对象、内容直接指向幼儿，以幼儿为本；最后，它所使用的观察方法是简便的，它可以像故事那样生动、真实地还原幼儿的学习过程。学习故事的理念和它的观察评价方法让教师们为之一振，教师们对学习故事充满了期待，开始被它吸引，开始带着爱和喜悦走近儿童，开始用专业的心促进幼儿的学习和发展。

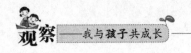

第一节　学习故事是什么

在20世纪80年代末至90年代初，新西兰国家早期教育者对即将升入小学的幼儿进行了评价，评价标准包括写自己的名字、数数、自我保护能力等基本知识和技能的掌握。正如前文提到的表格评定法，新西兰早期教育工作者就是凭着这样一张能力和知识清单考评幼儿是否获得了知识与发展。通过测评发现幼儿未掌握的知识和技能，随后将这些知识和技能列为教学内容直接教授幼儿学习。新西兰早期教育者Margaret Carr教授认为这种清单式的评价方式忽略了幼儿学习的复杂性，不能帮助教育者促进幼儿的学习。

为了推进新西兰早期教育发展，提升国家早期教育的质量，给出生至学龄前幼儿的早期教育提供一系列的教育方法和实施措施，新西兰政府就组建了一支以 Margaret Carr教授为首的早期教育研究团队。通过调研和实践观察，1996年在 Margaret Carr、 Helen May 以及众多专家教师的通力合作下最终形成了一套适合于新西兰国情的早期教育课程标准和方案方法——*Te Whariki*，译为编织的草席。由于新课程评价标准主要是以健康、归属感、贡献、沟通、探索五条不可量化的标准来评定幼儿的学习的，与国家一直以来实施的以知识和技能等可量化的外显行为来定义幼儿的学习出现了分歧。正好，学习故事既可以体现出知识、技能等可量化的指标又能够描述幼儿不可量化的行为。因此，在这种背景下，学习故事应运而生。

为什么Margaret Carr教授会以学习故事来评价幼儿的学习和发展呢？她认为故事具有情景性，是在真实自然的情况下发生的，不仅可以真实还原幼儿学习的完整过程，而且可以体现出幼儿学习的复杂性、连续性，与新西兰课程的灵活性、不确定性和无限的可能性完美结合。

知识加油站

新西兰的课程改革：

学习故事的诞生和发展离不开新西兰幼教课程改革的大背景。20多年来，新西兰幼儿教育改革经历了两个重大的转变。第一个转变是，幼教机构管理一体化，也就是说，由原来不同政府部门分别管理不同类型的0~5岁的幼教机构，转变为由教育行政部门统一管理。第二个转变是，从1988年开始推行统一的面向所有托儿中心和幼儿园教师的三年本科师范教育，这取代了原来面向幼儿园教师的两年大专文凭教育，以及面向托儿中心老师的一年培训课程。这两大转变从行政管理和师资素质上为新西兰幼儿教育改革提供了保障。1996年，新西兰正式颁布国家幼教课程大纲——*Te Whariki*，它为新西兰的0~5岁幼教机构和教师们指明了幼儿教育的方向和目标。在研发国家幼教课程大纲的过程中，新西兰幼教工作者、从业人员、专家学者和家长们围绕"儿童的形象""儿童需要什么样的课程"等核心话题展开了讨论，并在一个包容、合作、研究和学习的过程中达成了共识。

来源：周菁.走进"学习故事——来自新西兰幼教课程改革的启示"[J].学前教育，2014（3）.

草席的观点：

Te Whariki这个词来自毛利语，意为编织而成的草席——一种传统的毛利手工艺制品。草席是毛利人生活中的重要组成部分，可供站立坐卧，甚至被披挂到身上当作独特服饰。每一张草席都有自己独特的纹样，它有着开放式的边缘，大小长短和用途都各不相同。把新西兰国家幼教大纲比喻成编织而成的草席，喻示着它是为所有儿童、家庭和幼儿教育工作者而存在的，它可供所有人"站立坐卧"。作为"草席编织者"——教师们可以根据需要，自己设计和创造草席图案。
"编织的过程"——教学和学习的过程，可长可短，没有完结，没有固定的边缘。因此，选择Te Whariki这个词作为国家幼儿教育课程框架的名称，既体现了课程的新西兰身份以及对毛利文化的尊重，又暗示着虽然国家幼教课程具有统一性，但又不失其多样性和开放性。

　来源：周菁.走进"学习故事——来自新西兰幼教课程改革的启示"［J］.学前教育，2014（3）.

　可见，学习故事是一种综合的故事观察方法和评价方法。它是在自然情景中用图文的形式记录下幼儿学习过程中有价值的时刻，通过故事的叙述，推动和促进幼儿成长，为教师科学评价幼儿提供帮助，并逐步形成幼儿园的课程。经过学习后，教师们是如何看待学习故事的呢?

　A教师：学习故事的目的不是评判孩子在哪方面做得好还是不好，而是倾听幼儿的心声，记录他们的点滴，教师采取措施促进每个幼儿的发展，用图文并茂的方式记录幼儿在活动中有趣、有价值的事情。

　B教师：学习故事就是用客观语言进行描述，帮助幼儿构建学习者的自我认知，记录孩子的"哇"时刻，把我观察到的事用清晰的语言记录下来，并进行分析和评价。通过这些文字，让其他人看到或者了解到孩子各方面的发展水平。

　C教师：学习故事是用一些客观描述的方式记录孩子的学习过程的一种记录方式，它可以让小朋友家长、老师认识到孩子的学习能力不断变化和提升的过程。让老师更了解小朋友，让小朋友更了解自己，让家长更了解自己的孩子。

　D教师：学习故事是为支持儿童进一步学习而进行的评价，不是对学习结果的测评。它是课程的一部分，并能够在师生之间持续的互动和呼应中推动课程生成。它也是用图文的形式记录下儿童学习过程的一系列"哇"时刻，关注的是儿童能做的、感兴趣的事情，而不是儿童不能做的、欠缺的地方。

　综合看来，教师们对学习故事是接纳的，他们对学习故事普遍有了更多的认识。

1. 学习故事是一种儿童观

学习故事在儿童是"有能力、有自信的学习者和沟通者"这一儿童观的引领下，认为儿童是积极的，有着蓬勃生命力的。因此，我们要转变自己的儿童观，视幼儿为积极主动的学习者，尊重幼儿主体性和能动性的发展，尊重幼儿的兴趣、需要、想象和创造，尊重幼儿在生活中、游戏中的学习特点，为幼儿创设一个温暖的、互动的学习和生活环境，促进幼儿整体、和谐地发展。

此外，在对幼儿进行评价时，我们要转变以前的评价模式，从问题监控式的"找不足、找差距"转变为"发现幼儿的优点、发现幼儿感兴趣和能做的事情"。通过捕捉幼儿学习过程中的"哇"时刻来展现幼儿是"有能力、有自信的学习者和沟通者"。学习故事的这种理念引领着大家不断去观察儿童的学习，解读儿童的学习行为、过程，以及行为背后的想法和情感等因素。

2. 学习故事是一种能够帮助幼儿建构自我认知的学习评价体系

学习故事不仅将教师的视线聚焦在每个幼儿身上，通过捕捉一日生活中各种可能的契机，记录幼儿学习的"哇"时刻，关注幼儿能够做的、感兴趣的事情，记录幼儿的优点，还能引导教师们讨论幼儿的学习，对教和学进行反思，制订下一步计划，并通过阅读和回顾幼儿的学习过程，让幼儿参与自我评价，并和幼儿的父母分享学习故事，使这些成为幼儿知识建构过程中不可缺少的一部分。教师正是在一次次注意、识别、回应中，在一个个学习故事中，让幼儿看到自己是积极的、主动的学习者，从而激发幼儿对学习的兴趣和探究欲望。

3. 学习故事是一种生成课程

新西兰早期教育工作者认为课程就是把和幼儿在一起的每一分钟、幼教机构中的一草一木和所有人（幼儿、教职工和家长）都视为课程的一部分，这是一个广义的课程观。他们认为，幼儿无时无刻不在学习，幼儿学习的机会蕴含在与周围的环境、时间、空间和周围的人的互动中，课程发展的线索也蕴含在幼儿的学习中，因此，教师要在与幼儿的不断互动和呼应中促进幼儿的学习和课程的发展。当然，对幼儿学习的评价必须要体现课程的广义性——涵盖幼儿学习和生活的方方面面，并体现幼儿学习和发展的连续性。

第二节　怎样写学习故事

清楚了学习故事的背景和概念后，怎样才能写好学习故事、讲好完整的儿童发展历程？学习故事与叙事性描述等的区别是什么？大家对此进行了分析。

一、学习故事的基本结构

学习故事采用注意、识别和回应三个结构评价幼儿的学习和发展，这三个结构相互衔接并相互影响。

1. 注意

学习故事的第一部分就是注意。它以客观事实来描述发生了什么。在注意部分，幼儿教师把视线聚焦在幼儿身上，重点关注幼儿感兴趣的事物，反映的是幼儿做什么、怎么做以及如何完成等学习片段。"注意"部分让幼儿教师更加清晰地看到有价值的、有意义的幼儿游戏和学习，"哇"时刻的发现更是反映了幼儿教师敏锐的观察力以及筛选有价值信息的能力。例如，在美工区里，我发现铜铜你对剪纸特别感兴趣。你首先拿大头笔在纸上画了一条小鱼，然后左手拿着纸，右手拿着剪刀，沿着小鱼的轮廓慢慢地将其剪下来。

在撰写注意部分的时候，往往会使用第二人称，因为第二人称的使用更能抒发自己的情感，如同和幼儿对话一样，使读者感到更亲切。在描述事件时要做到客观、完整、真实，不可以带有主观情绪和对幼儿的偏见。

2. 识别

学习故事的第二部分是识别，这部分也是学习故事的核心。它以教师所具有的专业知识来分析、评价幼儿的行为。幼儿教师必须深入了解幼儿的心理发展特点、需要和兴趣、个性、家庭环境等因素，这样才能更好地读懂幼儿、识别幼儿。在识别部分，我们可以结合《3—6岁儿童学习与发展指南》从健康、语言、社会、科学、艺术五大领域及学习品质方面入手，分析和解读幼儿的学习过程。例如，铜铜你在美工区中能够沿着小鱼轮廓剪出比较完整的作品，可以看到你非常认真专注，同时你的小肌肉动作、手眼协调能力和动手能力都得到了很好的发展。

3. 回应

学习故事的第三部分是回应，它是为促进幼儿的下一步学习所制订的计划。回应是在注意和识别幼儿的基础上，根据幼儿已有的经验，为幼儿下一步的学习和发展提出计划和策略，促进幼儿进一步提升和发展。例如教师可以从环境、材料、教师参与、家园合作、同伴支持等方面对幼儿的学习进行回应，促进幼儿与环境、教师、家长和同伴的有效互动。例如，根据铜铜在美工区的表现，下一步，我将在美工区投放一本手工画册，让你可以按照画册上的步骤进行由易到难的剪纸。同时，我也会提供不同种类的纸张，满足你对剪纸的不同需求。

学习故事的注意、识别和回应相互联系、相互融合，缺少哪个结构都不是一个完整的学习故事（如图3-1）。学习故事除了有教师的评价声音之外，家长和幼儿也可以加入学习评价的队伍，所有人在不断地注意、识别和回应幼儿的学习中，都有可能成为进一步促进幼儿学习和发展的支持者与合作者。

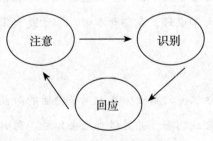

图3-1　学习故事三个结构的关联

二、学习故事与叙事性描述的区别

学习故事是站在幼儿的视角，记录幼儿的学习过程并对幼儿的学习过程进行分析。分析时，以幼儿为本，理解幼儿的学习方式，为幼儿的学习提供充足的时间和空间。同时，要学会发现幼儿的闪光点，看到幼儿会做什么、能做什么，而不是看到幼儿能力的不足，要以优促优，让幼儿相信自己是一个有能力、有自信的学习者。撰写学习故事是一个倾听所有人声音的过程，我们会听到来自教师、家长、幼儿及其他参与学习故事的人的声音。所以，学习故事属于教师、家长、幼儿及参与的所有人。

轮胎的创意

观察对象及年龄： 栩旖（3岁）

1. 注意

户外活动时间到了，这次的户外活动中，我让班上的小朋友自主选择轮胎玩耍。我们班的小朋友可喜欢了，玩得非常高兴。

正当小朋友玩得兴高采烈的时候，我被一个奇怪的轮胎造型吸引了目光（如图3-2）。小朋友们把六个轮胎两两合了起来，并排地排列着。当我还在想这是什么的时候，你——栩旖就对着其他小朋友说："我来做巴士的车头。"说完后你马上钻进了其中两个轮胎中。其他小朋友见到后，马上也跟着你钻进轮胎，大家高兴地说："一起坐巴士咯。"（如图3-3）接着你正视前方，把搭起来两个轮胎当中的下面那个向前移动了一点，并且说："我这里是车头，我来当司机，大家坐好，我要开车啦。"于是大家就一起投入坐巴士的游戏当中去了。

2. 识别

栩旖，你是一个很机灵的孩子。在大家搭轮胎的时候你可以通过自己的想象把搭建好的轮胎想象成巴士，并且能坐上去体验。同时你也能根据自己的生活经验改造轮胎的位置，你知道车子的车头是突出来的，所以你会把下面的轮胎移出来一点，使得整个轮胎的造型更像车子了。而且你还能发动同伴一起玩游戏，与大家进行良好的沟通，使游戏一直进行下去。

图3-2　栩旖叠起两个轮胎　　图3-3　栩旖坐在"巴士"的车头

3.回应

在以后的户外自主游戏中，我会提供更多的材料让你们玩耍，让你们发挥更多的创意。同时，每次游戏过后我会注重游戏的小结，听听大家在游戏中创造了什么，玩了些什么，了解大家的想法。而且我会让栩旖多带领小朋友进行创造，带动班上的小朋友多动脑筋，通过想象进行游戏。我相信你能行。

以上这个学习故事中，教师、栩旖以及其他小朋友都是故事中的一员，看上去是教师对栩旖的观察、对栩旖能力的识别，其实教师在观察与思考中获得了专业的成长，与栩旖一起游戏的同伴也获得了经验的提升。

伟胜是我们班一个比较调皮捣蛋的男孩子，上课总是坐不住，喜欢和旁边的小朋友打闹。每当他上课说话的时候我就批评他，可是坚持不了多久他又开始说话了。让他和女孩子坐在一起或是坐在离老师比较近的地方，他不是伸手动旁边的小朋友就是和旁边的小朋友打闹。后来我决定换个方式，尝试换个角度来观察，并对他好的表现（哪怕是一丁点儿的进步）给予及时的表扬。

在今天的语言活动课上，我让小朋友们搬好椅子准备上课，只见伟胜立刻搬着他的小椅子坐在了第一排，我就说："坐在第一排的小朋友一定要坐好，不然老师就要给他调位置了。"上课的时候，伟胜的小眼睛定定地看着我，没有和旁边的小朋友打闹、说话，我表扬他今天上课很认真。原本我以为他不会坚持多久，可是后来我发现整个上午的活动下来，他真的一直坚持下来了，让我感到很欣慰。

伟胜的进步是教师观察实践后取得的成果，这种叙事性描述的撰写，可以让教师了解幼儿各方面的发展，能够为教师提供一个观察记录和反思学习的教育平台，但是这种描述的语言不适合讲述给幼儿听，不能以亲切的口吻告诉伟胜他进步的过程是怎样的。同时，叙事性描述会带有教师的主观意识，不能较客观地观察和描述幼儿的行为（详见第二章）。但是通过叙事性描述，可以带动教师在教学中不断研究，在研究中不断改善教学，促进教师教学质量和自身不断成长。

学习故事和叙事性描述的共同点在于，都是通过观察与记录，对幼儿的学习过程进行分析归纳，需要教师具备一定的观察能力和分析能力，有利于促进教师专业能力的提高。两者最大的不同是：学习故事站在幼儿的角度，通过记录幼儿的学习过程发现幼儿的优点，为幼儿下一步发展提供对策；而叙事性描述则是从教师角度入手，分析教师在教学实施过程中存在的问题或自己在教学中、生活中的一些反思和感悟。其对比分析见表3-1。

表3-1　学习故事和叙事性描述对照辨析表

类型	目的	内容	方式	写作视角
学习故事	支持幼儿的学习过程	幼儿学习的过程及评价	包括注意、识别、回应部分的图文呈现方式	幼儿
叙事性描述	促进教师专业成长	教师教育教学过程实践与评价	观察记录或日志呈现方式	教师

新西兰幼教专家温迪曾经说："发生好的改变是需要勇气的。"通过一年的理论学习、实践尝试、反思调整，慢慢地，教师们从"走近"学习故事到"走进"学习故事。在逐渐"走进"学习故事的过程中，我们发现教师们能够将学习故事理论知识运用到实践中，在实践中转变自己的教育理念，放开手，给幼儿自主选择的权利和机会；在观察与解读幼儿的行为中提升自己的记录、反思与评价能力。

A教师：经过学习以及运用，我的观察能力以及分析能力得到了提升。在没有接触学习故事前，观察的对象多数是以小组观察或者分散地进行目的性不强的观察，观察后不懂得找出活动中孩子的"哇"时刻，分析不到重点，观察质量不好。经过学习之后，我会寻找观察的对象，进行聚焦或者片段的观察，会利用录像、拍照、现场记录的形式进行记录。在活动后的分析中，能根据儿童的游戏情况进行行为分析、材料分析、指导策略分析，虽然还做得不好，但这也是学习后的转变。

B教师：通过运用学习故事进行观察与评价，我提高了自己的观察水平、记录和分析的能力，并能时刻保持开放、包容的心态接纳孩子，发现孩子身上的闪光点。从幼儿的方面讲，学习故事的分享加强了幼儿的自信心和面对困难的勇气，巩固了幼儿良好的学习品质。

我们坚信，以观察为基础的学习故事将继续带着我们领略幼儿令人惊叹的能力，继续带着我们享受与幼儿共同成长的喜悦。让我们多一份观察，少一份干预，让幼儿成长为他应有的样子，让每一个成长中的人都成为学习故事中的主角。

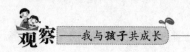

第三节　我们的学习故事：学习故事在
幼儿园的应用

2016年6月，我们因专业发展的需要与学习故事结缘，由此教师们开始了自己和幼儿的故事之旅。如何应用"注意""识别""回应"三个框架来展开记录、分析与评价？如何理解和领会学习故事的教育理念？如何带领教师们开展理论和案例的分析与学习？我们一步一个脚印，逐一打磨教师的观察观念和方法，过程中我们找到了差距，遇到了困难，当然我们在意识和方法上也达成了一定的共识。

一、注意：发现幼儿的"哇"时刻

如前文所述，"哇"时刻是注意环节的核心，也是学习故事的关键。可是，当我们试图在一日生活中捕捉幼儿的"哇"时刻时，有的教师会发现"哇"时刻随处可见，幼儿似乎总是会带给教师惊喜；但也有一些教师说看不到"哇"时刻，或者很难找到"哇"时刻，又或者分辨不清。为什么会这样？"哇"时刻到底是什么？

教师们对"哇"时刻也有自己的认识和理解。例如，"哇"时刻就是幼儿坚持不懈地做好一件事；"哇"时刻就是做事很认真、会积极探索和创造；"哇"时刻就是能举一反三，会分享、会合作。教师们在观察的过程中对"哇"时刻的解读还会出现哪些困难和问题呢？

（一）发现"哇"时刻的困惑

1.漫无目的地观察，无法确定观察对象

在自主游戏中，幼儿从自己的意愿和兴趣出发，或个人游戏或同伴合作游戏，游戏的内容和方式都各有不同，没有固定游戏地点，时常来回跑动，而此时教师要进行个别观察或聚焦观察的话具有一定的难度。因此，我们需要具备敏锐的观察力和分辨能力，知道哪些信息是有效的，哪些信息是无效的。我们要正确分辨和确定观察对象，以客观事实为原则，捕捉幼儿的"哇"时刻。

我们游戏多快乐

观察对象及年龄： 妤涵、荣聚、峻栩、佳莹（5岁）

户外自主游戏开始了，孩子们各自选择喜欢的车子，有的孩子当司机，有的孩子扮演乘客，他们愉快地在路上行驶。他们边走边聊天，小凝说："小朋友们要注意了，前面红绿灯处有一个警察，我们一定要遵守交通规则呀！否则就会被警察抓住。"刚说完，佳莹小朋友又说："是呀！是荣聚当警察，由他来负责指挥红绿灯，我们见到红灯要停下，绿灯亮了才能走。"孩子们说着说着就到了红绿灯处，这时司机们看到的灯是绿灯，他们一辆跟着一辆有序地经过，而当别人都过红绿灯时，峻栩小朋友还在向后看，红灯亮了，他也照样行走，警察立刻截停了他的车子，并把他叫到路旁问："你为什么见到红灯亮了都不停车呀？你违反了交通规则，我要对你进行处罚，你不能再开车了。"说完他就请峻栩到休息区去休息，荣聚站在红绿灯处继续坚守岗位。

游戏进行到一半时，交通警察对我说："老师，我要换一换岗位了。"我答应了他的请求，接下来由峻栩小朋友来当警察指挥交通，路上的司机看到是红灯，都自觉停下来等候。请看司机们正在停车等候呢！扮演乘客的妤涵小朋友坐车到了加油站，看见没有工作人员，她立刻下车，并说："我来帮你们加油吧！"说着她拿起胶管说："喂，你们谁要加油啊！"司机们听到她的吆喝声，都骑车过来给自己的车子加油，加油的地方也排起了长龙。他们一个一个地等待加油，每个人加完油都自觉地给钱。就这样，好涵小朋友一直开心快乐、专心致志地坚守着这份辛苦的工作。

以上案例中描述了多位幼儿的游戏情节和对话，教师看似是有目的地观察，实则是零散、碎片式地拼凑。在整个游戏过程中，教师只是驻足观看，片段式地听到和看到了幼儿游戏的过程，但是并没有将关注点停留或持续性地放在某一个或一组幼儿的游戏中，每个孩子都只是被蜻蜓点水式地描述了几句，教师没有发现幼儿游戏中的"哇"时刻。

2. 易受主观经验评价观察对象

在撰写学习故事注意部分时，有些教师常常会不管观察的内容详不详细，只要文本字数足够就行，他们经常按自己主观的想法添油加醋地描述幼儿行为，这往往忽略了幼儿在活动中真实客观的表现，间接导致了观察的无效性，对幼儿今后的学习发展也起不到很好的促进作用。

勇敢面对困难，坚持到最后

观察对象及年龄：云翔（5岁）

云翔是一个很贪玩、很活泼的孩子，很难坚持做一件事情，总喜欢玩一下这个，又玩一下那个，遇到困难时就放弃，找别的东西玩，或者找小朋友帮忙。今天是我们班第二次玩搭建区，孩子们把材料拿出来后都找到小伙伴拼搭起来。我想云翔会不会出现到处走动的行为呢？

此时，云翔你在其他小朋友身边漫无目的地走了一圈，找到了正在搬木块的奇奇，奇奇看见你说："我们一起盖城堡吧。"你笑眯眯地"嗯"了一声，就和奇奇搬积木。你首先拿了一些长的木板交叉拼出了一个底座，接着挠挠头，感觉不知道拼什么似的。随后你叫奇奇去拿短的木柱，你说："嘉奇，你去拿一些木柱过来吧，我们要把房子盖高一点。"奇奇听完后就去搬木柱，搬过来后你一个一个地把木柱放在底座上面，接着你再拿木板放在木柱上面。奇奇这时说："我去拿一个高一点的木柱放上去，让城堡再盖高一点。"接着奇奇跑开了，你看到旁边有弯弯的木板，就拿起一块放在城堡的外面，这时奇奇拿木柱回来了。你说："嘉奇，你看，这是拱门。"奇奇看着你笑了一笑，然后把长木柱放在城堡上面，你边看边开心地笑："哇！好高啊！"接着你又拿了一块小木板放在长木柱上面，放好后你开心地拍手。这时奇奇也笑了。你们两个人你看我、我看你，一直笑，接着你说："城堡要有围墙才可以。"说完你就跑去拿木块，拿完回来给了奇奇拼，你又去拿，可是这次你回来的时候，奇奇没有在拼围墙而是跑去旁边的小朋友那里玩了。你看了一下继续拼围墙，一直到把围墙拼完。

该故事开头，教师已对观察对象有了非常主观的评价，例如，"很难坚持做一件事情""遇到困难时就放弃"等，教师在观察前、过程中容易把原有印象、主观推测与客观事实相混淆。但在游戏过程中，我们显然看到了云翔小朋友友好合作、坚持不懈的良好品质。"漫无目的地走了一圈""感觉不知道拼什么似的"，这些都是老师的主观描述，并不是幼儿真实的游戏状态。因此，带有主观描述和主观评价的观察记录的确会影响教师对幼儿做出正确的评价与分析。

教师为何会出现以上问题和困惑。综合来看，原因就在于教师对幼儿缺乏正确的认识和了解或是了解得不深刻。教师有什么样的儿童观就有什么样的教育观，就会导致什么样的教育行为和判断。在不能建立正向的儿童发展观的情况下，教师始终把控活动的主导地位，对幼儿不放手、不信任，不相信幼儿是有能力的学习者。因此，"哇"时刻的出现是幼儿主体地位提升、教师观察敏感性提高、教师教育观念更新的表现。

（二）怎么发现与记录"哇"时刻

在学习故事中的注意部分，最为突出的特点就是客观描述幼儿在游戏中充满成就感的片段。那么，从问题监控式的评价来看，它的干预焦点主要是发现缺点和不足，寻找办法弥补差距。而学习故事的干预焦点则是突出长处，促进幼儿心智倾向的发展。幼儿心智倾向的发展和表现就可以作为发现学习故事"哇"时刻的重要指标。

知识加油站

有助于学习的心智倾向：

有助于学习的心智倾向是由当下情境相关的学习策略和动机累积在一起而成的，即一整套和参与有关的机制，学习者从识别、选择、编辑、回应、抵制、寻找和构建等多方面寻找各种学习机会。

有助于学习的心智倾向的5个领域：

（1）感兴趣：在这里发现对某一事物的兴趣——一个话题、一项活动、一个角色。识别出自己所熟悉的事物，喜欢不熟悉的事物。应对变化。

（2）参与：注意力持续一段时间，感到安全、信任别人。与其他人一起玩或者和材料互动。

（3）遇到困难或不确定情境时能坚持：设置或者选择困难的任务，使用一系列策略来解决问题。

（4）表达一个想法或一种感受：用一系列方式，如口头语言、姿势、音乐、艺术、书写，使用数字和图案，讲述故事。

（5）承担责任：对其他人、故事和想象的事件做出回应，确保事情是公平的，进行自我评价，帮助他人，为课程做出贡献。

有助于学习的心智倾向的3个维度：

（1）准备好：将自己视为一个学习的参与者。

（2）很愿意：识别这个地方是（或者不是）一个学习的地方。

（3）有能力：拥有能够为"准备好"和"很愿意"参与学习做出贡献的能力和知识储备。

来源：［新］玛格丽特·卡尔.另一种评价：学习故事［M］.周欣，周念丽，左志宏，等，译.北京：教育科学出版社，2016.

我们可以从以上5个领域的3个维度观察与判断是否发现了"哇"时刻。但在发现与记录"哇"时刻时，我们还应该明确以下几个要点。

1. 确定观察目的和对象

在幼儿活动中，教师往往会比较关注集体，对个别或小组的观察不多，意识也不强。因此，多数为扫描式的走动，眼里只注意幼儿是否有事做，有无人来回跑动，以维持纪律为主要目的。因此，要做到有效观察，我们可以根据不同的需要来确定观察目的和对象。例如，在生活活动中，小班幼儿对折叠餐巾的掌握；在游戏活动中，幼儿的社会性交往等。教师可以根据不同的活动类型，提前制订观察计划，以确定观察内容和对象。观察时，我们还要保证一定的观察时长，便于对幼儿游戏的前、中、后都有清晰的了解。当然，单次的观察记录只能反映幼儿当下的游戏状态，教师切勿以一个案例就给幼儿的能力、兴趣等下定义。

2. 运用适宜的观察方法

如前文所述，观察的方式方法有很多种，如叙事性观察法、时间取样法、事件取样法等。学习故事属于叙事性描述，它文字描述简单、清晰，以一个故事完整地为我们还原了真实的活动过程，展现了丰富生动的情境和画面。除此之外，我们可以充分运用手机、相机、录音笔等器械进行相片、视频的观察记录，以帮助教师梳理幼儿的学习过程。

3. 会筛选有价值信息

"哇"时刻在学习故事注意部分的良好显现，能在很大程度上反映出教师筛选有价值信息的能力。教师们一定要清楚哪些信息是有效的、哪些信息是无效的，还要会选择适合的活动场景进行观察记录。在不确定观察到的内容是否与观察目的契合时，要进行再次或多次的重复观察。当然，除了幼儿的活动过程，幼儿的谈话、作品、调查表等都可以作为我们重要的观察内容。

4. 客观描述，突出重点

学习故事以客观事实描述幼儿常态活动下的表现，其中包含时间、地点、具体人物及主要事件的描述，多数以第二人称进行叙述。描述必须完整、突出故事中的主角以及发生的重点情节，且使用动词、副词居多。

当然，教师除了进行单方面的观察之外，还应反思以下几点是否做到，如是否为幼儿在学习中创造"哇"时刻的条件；幼儿是否有足够的时间、空间去思考、选择、发起、组织并专注地投入到他们感兴趣的学习中；是否从幼儿的视角理解孩子的行为等。

学习故事中的"哇"时刻不是被动等待着被发现的。它需要教师树立正确的儿童观、教育观、学习发展观、评价观，坚持以儿童为视角去看待幼儿的行为表现。那么，一个完整的、客观的、能反映幼儿学习过程及价值的"哇"时刻又是怎样的呢？

叠叠高

观察对象及年龄： 曼琳（4岁）

注意：

今天入区活动中，孩子们都选择了自己喜欢的材料开始操作。我看见琳琳你选择了叠叠高。你把叠叠高总共10个大小不一的杯子摆放在桌面上，然后自言自语地说："装雪碧、装可乐、装奶茶……"满足地"喝完"饮料后，你又把杯子收拾好。接着你又将杯子从大到小地套进去（如图3-4），但是总有几个杯子怎么也套不进去。你挠了挠头，望了这一堆杯子片刻后，又将杯子一一摆放好，重新试了好几遍，终于找到了规律：你把杯子从大到小排好队，然后再逐个向上套。耶！10个杯子都套完了。

图3-4 琳琳尝试玩套杯

尝到成功的滋味，你欢快地拍起手来！你再次把杯子从大到小排好队，这一次你熟练地套好了杯子，突然发现杯子底部有可爱的小动物，你笑眯眯地说："动物宝宝，我来帮你们盖房子吧！"于是，你把杯口朝下，一个一个地排好队。你先拿来最大的老虎杯子，放在最下面，接着又拿来了排在第二的狮子杯子，就这样从大到小地往上叠，越叠越高，当叠到第六个小动物时，叠叠高已经高过了你的头，你踮起脚尖继续叠起第七个动物，手还没松开，动物杯子就噼里啪啦地掉下来。不甘心的你再来一次，同桌璇璇还帮你扶住下面的杯子，但是杯子实在是太高了，你实在够不着，它们又往下掉。于是，你跑过来对我说："吴老师，我能拿个垫子吗？""当然可以啦！"

你拿来地垫放在地板上，先是坐着叠，很快就站着叠，杯子叠得越高就越难叠。有次叠到第九个，还剩一个就成功了，当你把最后一个杯子靠近时，杯子们还是毫不留情、噼里啪啦地掉下来。我看见你当时有点沮丧，但很快就收拾心情，重新再来！你又重新拿起最大的杯子，放在最下面，接着叠第二个杯子，每放一个杯子，你都小心翼翼，还要认真地检查杯子有没有叠好。又到了叠最后一个杯子的时候

图3-5 琳琳成功套好10个杯子

了，你双腿分开跪在垫子上，左手扶着底端的杯子，右手拿着要叠的杯子，叠稳后轻轻地松开了双手，眼睛一直注视着杯子，成功喽！10个杯子稳稳地叠在垫子上！你高兴地跑到我面前，拉着我的手说："老师，快看，我叠好了！"（如图3-5）

在这个学习故事中，教师有明确的观察对象和内容，能持续性地观察幼儿完整的游戏操作，在幼儿需要支持时给予了及时肯定的回应。故事以第二人称描述幼儿出现的闪光点，描述客观、清晰且完整，描写幼儿正面的、积极的行为，能很好地反映出该名幼儿的学习过程，同时也让我们看到了幼儿坚持不懈、敢于尝试、会思考的良好学习品质。

二、识别：读懂幼儿的特点和需要

幼儿园教师能准确捕捉幼儿游戏中的"哇"时刻且能客观翔实地描述故事内容后，对于幼儿游戏或行为特征的准确识别就会更加专业。识别部分能很好地体现出教师的专业性和理论知识的储备，它需要一个比较清晰的识别框架和思路。因此，识别部分成了幼儿园教师的一大难点，他们往往会根据自己的理解和表述方式来分析和判断幼儿的发展。

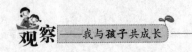
（一）识别的误区

1. 识别单一，无法看到幼儿的发展水平

"为了促进学习而评价。"卡尔教授认为：故事可以捕捉学习的复杂性，如学习策略和学习动力等。多数幼儿园教师在观察幼儿游戏时，善于关注幼儿的游戏过程，也能看到幼儿游戏的整体水平，但是基于对幼儿心理发展、领域知识及游戏特征等相关理论学习和认识比较少，很难对幼儿的游戏表现做出具体、详尽的分析与判断，也无法从识别中看到幼儿的其他能力。

案例四

勇敢的梓浩

观察对象及年龄：梓浩（6岁）

1. 注意

在运动场上，孩子们搬好轮胎和梯子开始自主搭建，他们一个个像青蛙似的跳进每一个轮胎中，踩过单梯又爬上高高的双人梯，迅速地翻到另一边去，每次成功翻越后，都会露出开心的笑容。轮到梓浩时，你一步一步地跨过一个又一个轮胎，在爬单梯子时需要双手的帮助才能行走，爬到双人梯顶上时你不敢翻越，坐着不动，手脚还有些抖动。这时，家兴、彦淳等小朋友都在鼓励你："梓浩，不要怕哟！加油啊，你只要把脚跨过去就成功了！"在另一旁的小好也说："梓浩，勇敢点，不用怕，你一定能过去的，你用双手抓住上面，把另一只脚也跨过去，然后手扶着两边慢慢走下来就行了。"听完小好的话，你把目光投向了我，我点头表示鼓励，并走到你旁边扶住梯子以稳住你的心情，这时你小心翼翼地把一只脚跨过去，双手把梯子抓得紧紧的，好不容易让跨过来的那只脚找到地方稳住了，才慢慢地走了下来，你兴奋地说："耶，我成功了。"我对你竖起了大拇指，其他的孩子也称赞你。大家给了你信心，你也越战越勇，爬了一次又一次，每次下来都很开心、很有成就感。

2. 识别

我看到梓浩小朋友越来越勇敢了，他第一次玩耍时很害怕，都不敢在放平的轮胎上直立行走，需要老师和其他小朋友拉着他的小手才能慢慢地一步一步前行。在我们的鼓励下，他重复地进行着，到最后能勇敢地翻越梯子。梓浩真的是一个勇敢的孩子。

以上案例中，教师识别到梓浩勇敢的学习品质。的确，梓浩从一步一步走单人梯到翻越双人梯的过程就是他勇于尝试的表现。但是，在这个故事中，除了学习品质以外，还可以识别到什么呢？例如，根据《3—6岁儿童学习与发展指南》中6岁幼儿的动作发展来说，梓浩的平衡能力还是较差的；另外，在人际交往上，梓浩在梯顶上不敢翻越时及时向教师寻求支持，表示他有问题还是愿意向别人请教和求助的。而教师的识别比较单一，没有看到梓浩在身体动作、社会性、心理等方面的发展水平。

2. 识别杂乱，无法梳理故事的核心问题

幼儿游戏水平的提高不仅仅是依靠幼儿的已有经验，更多的是需要在多样、重复的游戏中，提炼新经验，而教师有效地支持有助于其掌握新经验。但是，如果教师在观察后不能准确识别观察内容的重点，无法分辨幼儿的能力，将会导致识别与注意脱节，也无法促进幼儿的下一步学习。

森森乱画画

观察对象及年龄：培森（5岁）

1. 注意

美术活动结束后，孩子们陆陆续续起身去盥洗、喝水，唯有你仍在座位上画画。当多数小朋友已经排队接水的时候，你才起身走向队伍的最后面。经过婧玟座位的时候，你看到有几个小朋友在专心致志地看婧玟的画，于是你走回自己的座位看了看自己的画，接着你拿起桌子上黑色的笔在婧玟的画纸上随手画了两下。这时候灿基跑来对我说："老师，培森在婧玟的画上乱画了。"灿基的话音刚落，你就不好意思地看了我一眼。喝完水，你回到椅子上继续画自己的画，我走到你旁边问："你为什么在婧玟的画上乱画呀？""我就想试试她的勾线笔有没有水？"你回答。"那你为什么不在自己的纸上面画呀？"我又问。"我怕弄脏我的画。"你说得理直气壮。"可是婧玟的画不怕脏吗？

你想想你这样做对不对？"我心平气和地跟你说。"不对，老师，我以后再也不乱画小朋友的画了！"沉思了一会儿，你终于承认了自己的错误。"你爱惜别人的劳动成果，别人才会愿意和你做朋友，知道了吗？""老师，我知道了！"最后，你点了点头表示答应。意外的是，你竟然走到婧玟身边对她说："婧玟，对不起，我下次不乱画你的画了。"接着，我又看到你继续拿起蜡笔画画，之后的几分钟里，你一直坐在自己的位置认真作画，就算旁边有同伴在交谈也没有影响到你，直到你把自己的作品完成。最后，你拿着你的画主动走到邻桌说："你们看看我画得怎么样？好看吧！"周边的几位小朋友纷纷围上来，一起欣赏你的作品，此时你露出了满意的笑容。

2. 识别

培森，你在绘画活动中能合理运用材料，正确使用画纸、蜡笔，发挥想象，运用自己的经验装饰设计画面，具备基本的绘画技能，不仅能有目的地完成自己的作品，还会向其他同伴分享自己的作品。同时，你学会了自己思考并想办法解决困难，认真专注、敢于探究和尝试、坚持不懈。

教师在这个观察中识别到培森小朋友"合理运用材料、具备基本的绘画技能"，还识别到他具有"敢于探究和尝试、坚持不懈"的学习品质。但该故事描述的是培森小朋友如何乱画同伴作品、教师如何引导以及培森如何独立完成绘画作品的过程。故事中看似在进行画画，实际上没有美工技能方面的表现，更多的是体现幼儿的社会性交往能力。可以明显看到教师识别过于杂乱，没有梳理出故事中培森一系列行为所反映的核心问题，如同伴交往、尊重他人作品、规则意识、自我约束等问题。

（二）科学的识别方法——看见幼儿的学习

游戏中，我们通过细致、敏锐的观察看到幼儿的"哇"时刻，但是"哇"时刻的呈现具体表现在什么领域、体现了什么游戏特征、是否符合该阶段幼儿的心理发展呢？这些需要我们一一进行识别，以做出正确、科学的判断，帮助梳理下一步的支持策略。

1. 分辨游戏特征

幼儿的游戏类型丰富。其中角色游戏是幼儿通过扮演角色、运用想象、创造性地反映个人生活印象的一种游戏，通常都有一定的主题，如娃娃家、商店、医院等，又称主题角色游戏。角色游戏是以表征思维为基础的象征性游戏活动。因此，我们可以根据角色扮演、想象的转换、社会互动、语言沟通、持续性等特征进行分析和判断。教师可以使用观察量表对一名或多名幼儿进行观察与记录（如表3–2），再根据观察内容分析不同年龄阶段幼儿的游戏水平。

表3–2 斯米兰斯基社会角色游戏观察量表

班级： 角色游戏名称： 观察教师： 观察时间：

游戏要素	操作定义		观察情况记录	
			幼儿姓名：	幼儿姓名：
角色扮演	幼儿假装是他人或以他人自居			
想象的转换	伴随着与角色相适应的角色行为			
	材料	以物代物		
	动作	以自己的动作代替游戏中的动作		
	情境	用语言表示想象的情境		
社会互动	两个或两个以上的幼儿就游戏的情节、角色、动作等有直接的互动或交流			
语言沟通	元交际	代替物的确认		
		分配角色		
		计划游戏的情节		
		纠正不符合角色的行为		
		发生在假装的角色之间的信息沟通		
持续性	游戏总时长不少于15分钟。小中班5分钟左右，大班10分钟左右			

表演游戏是按照童话、故事中角色、情节和语言进行创造性表演的游戏。幼儿是表演游戏的主体，教师要在尊重幼儿主体性的基础上给予帮助和支持，给予幼儿游戏的自主权，给予幼儿充分的时间和空间。我们可以从不同年龄阶段幼儿游戏中的角色行为、故事情节表现、同伴交往三类游戏特征对幼儿的游戏水平进行分析与判断。

积木建构游戏是幼儿运用积木材料进行大胆想象和创造的一种游戏。它可以搭建现实生活中的各种建筑物或物体，幼儿可以通过积木游戏学习数学、科学，建构有关物质世界的认识，了解周围的社会生活。按照幼儿积木建构技能

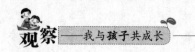

发展的过程，一般从非建构活动——随意摆弄积木、堆高、平铺和重复再到架空、围合、模式、表征，最后进行有主题的建构游戏。我们可以根据幼儿不同的年龄阶段从建构技巧、辅助材料的使用等特征进行分析评价。

除此之外，日常的室内区域活动也可以进行分类识别，如科学区可以从感知发现、探究能力、记录与表达、材料的选择与使用等方面进行分析，生活操作区可以从技能学习情况、精细动作发展等方面进行分析，美工区可以从表现形式、工具的使用、创作能力等方面进行分析，益智区可以从操作情况、解决问题的能力等特征进行分析。

2. 对照领域目标

《3—6岁儿童学习与发展指南》从健康、语言、社会、科学、艺术5个领域描述幼儿的学习与发展。目标部分分别对3—4岁、4—5岁、5—6岁3个年龄段末期幼儿应该知道什么、能做什么、大致可以达到什么发展水平提出了合理的期望。因此，在幼儿游戏过程中，我们可以从领域特征进行识别，判断幼儿具体在哪一领域中的能力发展较为突出，以便做出合理的分析与评价，为幼儿后期发展提供有效的指导策略。

以《案例四：勇敢的梓浩》为例，我们可以从不同的领域做出识别。在大班社会领域指标——人际交往目标4中提到：能关注别人的情绪和需要，并能给予力所能及的帮助。故事中，多位幼儿在看到同伴梓浩出现害怕、止步不前的情况时，都主动关心和帮助他。在语言领域指标——倾听与表达的目标3中提到：能依据所处情境使用恰当的语言，如在别人难过、困难时会用恰当的语言表示安慰。例如在一旁的小妤对梓浩说："梓浩，勇敢点，不用怕，你一定能过去的，你用双手抓住上面，把另一只脚也跨过去，然后手扶着两边慢慢走下来就行了。"

3. 把握心理特点

幼儿心理发展是指从不成熟到成熟这一阶段所发生的积极的心理变化。换句话说，它是人对客观现实反映活动的扩大、改善、日趋完善和复杂化的过程。游戏中的幼儿表现与心理发展特点有着密不可分的关系。幼儿心理发展一般有几个突出的特点，如认识活动的具体形象性、心理活动及行为的无意性、开始形成最初的个性倾向等。按幼儿时期的阶段来看，小班的幼儿尤为突出的是行为具有强烈的情绪性、爱模仿，思维仍带有直觉行动性等；中班的幼儿特别表现出爱玩和会玩、思维具体形象等；而大班幼儿则表现出好学和好问、抽象概括能力开始发展、个性初具雏形等特点。因此，我们可以依据幼儿的心理发展特点对幼儿游戏表现进行游戏水平、社会性发展等能力的评估。例如，《案例五：森森乱画画》中，森森在看到同伴围观婧玟的作品时，同样希望得到同伴们对他的关注，表现出大班幼儿有想法、有个性及争强好胜的心理状态。最后，他努力完成作品并主动与同伴分享，希望得到关注和肯定。交往中，由于不善于正向表达自己的想法，也缺乏换位思考的能力，所以森森的自控能力还有待加强。

4. 聚焦学习品质

学习品质决定着幼儿今后的学习效率。在一日活动中，我们可以从创造性学习品质、主动性学习品质、坚持性学习品质等方面进行培养。例如，爱说爱问是幼儿对事物感兴趣的最直接表达，喜欢提问是幼儿充满好奇心的表现，会提问题比会回答问题更为重要。因此，作为教师，我们应该对幼儿能产生问题和疑问表示肯定和赞许，支持鼓励幼儿发问，并想办法解决问题。在游戏中亦是如此，我们不仅要关注幼儿能力的发展，也要重视幼儿学习品质的培养，这样才能更加有效地提高幼儿学习与发展的整体性。例如，《案例五：森森乱画画》中森森对同伴围观欣赏作品表现出较强的好奇心。在绘画活动中，森森能表现出认真专注的态度，能坚持画完自己的作品，做错事情有敢于承认错误、改正错误的勇气。

三、回应：支持幼儿发展

有效回应是支持和引导幼儿进步与发展的核心。幼儿园教师的有效回应能促进幼儿经验的发展，即使幼儿在原有经验的基础上获得新经验。其中的经验不仅是幼儿的活动经验，还包含了教师对活动预设的经验，如环境的营造、材料的提供、师幼的互动与教师的支持等。这些支持足以为幼儿提供进一步发展的机会和可能性。

那么，幼儿园教师在学习故事中的回应是否有效？它的难点又有哪些呢？

（一）回应的难点

1. 识别清晰准确，却不知如何支持

学习故事中的正确识别是对教师敏锐观察力和分析能力的体现，教师能从不同的角度分析判断，说明教师非常了解幼儿的性格特点、能力水平等，但如何在游戏中给予幼儿最大限度的支持和帮助呢？这要因不同的游戏特征、领域目标而定。

小小快递员

观察对象及年龄：若琳、冠维（3岁半）

1. 注意

今天的室内自主游戏开始了，我看到琳琳你快速跑到建构区外面，脱掉鞋子走进区内游戏。只见你从筐里拿出一块泡沫积木放在地上，然后又拿出许多软积木，一个一个地叠在上面。我好奇地问："琳琳，你把这么多积木搭在一起，是要做什么呢？"你歪着头想了一会儿说："我在送快递。""原来是在送快递呀，你的快递好多呀！"我笑着跟你说。你依然忙着把"快递"一个一个叠起来，越叠越高。这时候维维路过，看到你堆了那么高的积木，便问："你在做什么呀？"你说："我在送快递。"维维说："这么多的快递，我来帮你送吧！"你笑着说："好啊。"于是，维维拿起一块积木大声喊道："谁的快递啊，快来拿快递了。"听到维维的呼唤，好几个小朋友跑到维维身边说："是我的快递。"维维把手里的"快递"送给了宛铜，又拿起下一个"快递"问："这是谁的快递啊？"惠惠说："是我的快递。"维维把"快递"送给惠惠后，惠惠拿着"快递"开心地走了。越来越多的小朋友过来取"快递"。琳琳说："大家不要挤、要排队。"维维也说："要排队。"于是，小朋友们便排队取"快递"。琳琳继续整理高高的"快递"，而维维则在分发"快递"，大家都很开心。

2. 识别

送快递是幼儿自发地用建构材料进行的角色游戏。小班幼儿的思维是先做再想，因此，当琳琳把泡沫积木叠在一起后，才会联想到这些可能是快递，可以说，琳琳的想象力很丰富。其次，琳琳的语言表达能力也很强，可以清楚地向别人表达自己在做的事情，及时表达自己的想法。当维维想要加入游戏时，她也没有拒绝，很愿意和小朋友一起玩耍，说明她是一个活泼、外向的小女孩，乐于与人交往。再次，琳琳的规则意识较强。当许多小朋友来取快递时，琳琳的第一反应就是告诉大家不能挤、要排队，说明她的规则意识较强。

对于维维来说，首先，维维是一个好奇好问的小男孩。当看到琳琳在搭高的积木时，出于好奇，便问她在做什么。其次，维维的语言表达能力与交流能力较强。当知道琳琳在堆"快递"时，他立马说要帮助送"快递"，还大声吆喝同伴来取"快递"。另外，可以看出维维和琳琳两个人合作得非常好，一个整理"快递"、一个送"快递"，没有出现争吵，具有初步的合作意识和能力。

3. 回应

琳琳，你是一个想象力丰富、动手能力强、很活泼的小姑娘。不管什么活动，你都是那么专注、认真，而且你非常喜欢和小朋友一起游戏，你宽容、友善，规则意识强，希望你在以后的活动中一直这么棒！

维维，你是一个好奇好问，爱探索、爱交际的小朋友。你总是对一切充满好奇，而且你乐于助人，喜欢和小朋友交流，希望你能够一直保持这种品质。

从这篇学习故事可以看出教师对幼儿游戏情节的描述比较客观、真实，对幼儿游戏行为的分析也比较详细，能根据《3—6岁儿童学习与发展指南》的领域目标和幼儿的学习品质进行评价。但是在回应方面只是表达了两名幼儿的优点，没有对下一步如何支持幼儿发展提出策略。例如，小班幼儿爱玩角色游戏，甚至拿建构材料以物代物进行游戏，那么教师能否提供更多材料让幼儿进行不同的角色游戏？又如，幼儿对送快递这件事情有兴趣，教师可以继续沿着幼儿的兴趣点，与幼儿一同创设快递小屋的环境，与幼儿一起了解快递员的工具等，进行一系列以幼儿为主体的游戏活动。

2. 知道如何支持，但实践效果欠佳

学习故事的"哇"时刻从被发现、被识别再到被支持是一个艰难的过程，它对教师的专业水平提出了很高的要求，并非大多数教师都能完成的。实际上，有些教师即使能做到前面三个部分，但在落实后续跟踪、支持促进等方面还有许多不稳定因素。例如，因天气原因，暂停了1～2次游戏后，幼儿对之前的主题活动已兴趣不大，教师也不知从何入手，以至于之前的指导计划泡汤；有时还会因为孩子改变了游戏的主题和方式，教师无法做出灵活的指导调整，因此看似支持，实则原地未动。

我是滴滴专车司机

观察对象及年龄：俊柯（5岁）

1. 注意

户外自主活动时间到了，柯柯你还是选择去中心小镇进行游戏。一来到中心小镇，你把进区卡贴好后就到车库选择了一辆双人车，然后你就在马路上踩着双人车行驶。

这时，路边有一个女孩不断向你招手，说道："这里，这里。"原来这是大班的陈艺心小朋友。于是你骑车到了艺心身边，然后艺心很自觉地就坐在车子后面的座位上。她说："载我到银行取钱吧。"你载着艺心在马路上驰骋，绕了一大圈之后，你载她到了银行。艺心说："你在这里等我一下，我去银行取点钱。"你说："好的。"接着你把车停到了银行旁边的停车场，然后坐在车上托着腮帮子等着艺心。过了一会儿，艺心从银行取了一沓钱出来，然后又坐上了车。你说："现在去哪里啊？"艺心说："我们去兜风吧。"

你载着艺心来回兜了很多圈，你们在车上一直笑哈哈的，可开心了。这时你骑着车来到了加油站，你说："车子没油了，要去加油。"你对加油站的工作人员说："要加92的汽油。"工作人员加好油后，你对艺心说："我没有钱。"艺心说："我有。"一边说一边把手里的钱给了加油站的工作人员。

之后的时间里，你们两个都待在一起，一会儿去商店买东西，一会儿又去修车。快要结束的时候我问你们两个："你们本来是认识的吗？"你说："不认识啊。""那你为什么载她啊？"这时艺心抢着说："他是滴滴司机。"这是多有趣的一件事情啊！

2. 识别

柯柯你这次在中心小镇的玩法比之前丰富了许多。这次的游戏你能主动积极地参与，愿意与他人交谈，能回应同伴的话语。当艺心向你招手的时候你停下车，并载着艺心游戏。你愿意结交大班的姐姐为新朋友，还能和姐姐一起快乐地玩耍。你能留意到生活中有关司机、加油等常见的事情，生活经验丰富，也在一直围绕滴滴司机这个话题进行游戏。你们很喜欢这样的角色扮演游戏，也非常享受游戏的过程。

3. 回应

你这次游戏更加进入状态了。老师为你主动结识新的朋友感到高兴，这是你一个很大的进步。你愿意听别人说话和回应别人的话题，可以体现出你有良好的交际能力，老师希望你在日常生活中也多和小朋友一起说话，谈论感兴趣的话题。当然，我也会从以下几个方面来帮助你和与你情况相同的小朋友：

（1）老师要给那些特别文静的小朋友机会和话题。例如，可以邀请那些不积极参加游戏的小朋友到活跃的小朋友那里参加游戏，让活跃的小朋友带动文静的小朋友。

（2）现在生活中出现了很多新鲜的事物，如滴滴出行、共享单车等，可以把这些元素加入小朋友的游戏当中，丰富孩子的一些生活经验。具体可以将中心小镇的车辆安放地点改造成共享单车租借处、扫描取车等。

（3）游戏后一定要做好小结的工作，发现小朋友更加新奇的玩法。

4. 教师反思

在中心小镇里，孩子们总有许多奇思妙想，他们往往会根据自己的喜好选择材料，并且自然而然就产生了与生活相联系的游戏情节，就如"滴滴打车"游戏，他们可以很好地将日常生活中的情节与游戏融合在一起。通过观察后的回应和进一步促进计划，我带着目的对孩子们展开了相关话题的讨论，过程中让活泼的孩子带动内向安静的孩子，我发现即便如此分组，效果也并不理想，反而在讨论过程中活泼的孩子一直占据主导地位，发言权始终在他们手上，内向安静的孩子变得更加不自信，不愿交谈。部分幼儿对于滴滴出行、共享单车有些简单的了解，但在后续的游戏中，出现此类游戏情节的却很少。

在这个学习故事中，看似没有幼儿的学习行为发生，其实在游戏过程中，幼儿骑双人车载其他伙伴取钱、给车子加油、逛超市等过程都是幼儿的发现和收获。蒙台梭利提倡不"教"的教育。作为一名幼儿教师，我们只需要为幼儿提供良好的学习环境、丰富的教（玩）具，让幼儿主动去接触、研究，形成智慧。在下一步的游戏指导方向中，教师将个人主观意愿和想法分享给幼儿，从方式方法上来看，有些操之过急，却适得其反。

那么，怎样的回应才能有效促进下一个游戏、活动的开展呢？

（二）回应——决定下一步做什么

游戏观察背后的关键一步就是决定下一步做什么。在许多情境中，这个过程还被称为计划。它是为了促进儿童的学习而决定下一步做什么的具体方法或策略。通过教师长期的实践和多篇学习故事的总结与梳理，结合《案例六：小小快递员》，我们大致可以从以下几个方面进行回应：

（1）给予足够的时间，以便于幼儿继续游戏和发展。

（2）介绍一些有助于游戏发展的玩法和方法，可以通过活动小结引导幼儿分享自己的经验，将经验分享或迁移给其他同伴。例如，教师结合琳琳游戏中的照片或视频，请琳琳向小朋友们介绍自己所扮演的角色、任务，游戏中的情节及交往方法，并让其说说自己下一次想扮演的角色及游戏内容。

（3）提供更多的材料及资源，可以让幼儿、家长共同收集和准备。例如，教师可以创设一个角色游戏区，然后投放一些有关快递方面的材料，如纸箱、笔、衣服、纸张、胶带等，让幼儿充分发挥想象，满足幼儿的角色体验和兴趣。

（4）鼓励幼儿参与其中，尝试运用不同方法，积累新经验。

（5）教师与幼儿或其他同伴可以示范如何进行解释和协商。例如，了解快递的有关知识。首先，请小朋友说一说自己对快递的了解，如快递员穿什么样的衣服，是怎样工作的，工作时所需要的工具有哪些。其次，通过图片或视频让幼儿了解快递员的工作与流程，让幼儿对快递员有清晰的认识。

（6）教师可以在恰当的时机参与到游戏中，给予幼儿游戏的支持。

如何在游戏中给予幼儿最大限度的支持和帮助，我们要因不同的游戏、不同的目标而定。回应虽有了一定的框架和思路，但是没有比较系统、清晰的指标，因此教师容易在不同的游戏类型回应中迷失方向或随波逐流。还有什么样的观察方法和评价体系是更利于教师专业成长的呢？我们还在努力探寻中……

附：

教师心声

运用学习故事进行观察与分析，我得到了描述记录能力和分析能力的提升与转变。知道了对学习故事的描述要以客观的方式去记录，抓住观察的重点和亮点，进行观察和客观分析。

——林焕桃

学习故事让我观察、了解到，幼儿在成长过程中有些看不到和不了解的另一面，它让我更深入、更全面地去认识幼儿。比如，他们对哪些事物感兴趣、在游戏活动中的参与性、与同伴之间的交往和语言交流等。这些游戏内容的观察，提升了我与家长沟通幼儿成长的能力，也让自己在描述故事、识别幼儿水平等方面有了进一步提升。让我懂得去发现幼儿的闪光点，耐心地倾听他们的心声，赏识并认可他们的表现。

——周蓉

运用学习故事进行观察与评价，让我学会了要客观描述幼儿在活动中的表现，也让我逐渐成为一名更加专业的幼儿教师。例如，班上的翔翔小朋友是一个胆小、内向的小男孩儿，他的动手能力和体能、反应能力都相对较弱。通过撰写学习故事，我观察到翔翔在他喜欢的体育运动中的坚持以及翔翔在画画方面的专注会比同龄人表现得更好。通过写学习故事来观察幼儿，我看到了翔翔小朋友的身上的亮点。

——梁凤英

通过学习故事的观察与评价，我深深地体会到作为一名幼儿教师在观察孩子时要敏感地发现孩子在活动中遇到的事情、孩子所面对的困难，以及如何应对困难，在孩子没有很好地解决问题时，老师应该在什么时候介入。

——陈越美

学习故事的撰写让我知道孩子的进步是一个循序渐进的过程，在这个过程中教师要多关注孩子的想法，支持孩子的想法。在观察故事中我会不断反思自己在观察孩子的过程中还缺乏哪些关于五大领域中的目标，我应该如何引导孩

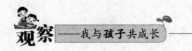

子达成领域中的目标等问题。

——张文婷

在运用学习故事进行观察与评价后，我的观察有了计划性和目的性。以前观察的时候总是左看看、右看看，只要孩子没出现意外就好了，但现在不一样了，现在观察我都是有计划和目的的。我会选择观察某一孩子或者某一组孩子，观察他们的一个学习探究能力。例如，潼潼是个文静不爱说话的孩子，但是在户外自主活动的时候很有想法。于是我就有目的地按小组进行活动，观察潼潼在小组活动中的表现，把潼潼行为中有价值的地方提炼出来，让其他孩子一起学习。

——李晓莹

通过学习故事进行观察和评价，我不断发现孩子制造的"哇"时刻，并学会要通过客观和详细的记录，不断加深对孩子的认识和理解，给予孩子一些良好的策略和后续支持，促进孩子的发展、成长。另外，通过记录学习故事，不断进行观察、记录、解读、评价，我的评价、分析能力得到了提高，我的反思能力也得到了提高，如反思自己的教育教学实践是否符合孩子的发展水平，提供的支持策略是否合理有效，这些反思能力有利于促进我的专业成长。

——苏惠连

学习故事的运用，让我的分析能力与评价能力得到了提升。以前不会根据幼儿的发展特点及五大领域的内容对幼儿的行为进行分析评价，但是学习了学习故事的记录方式之后，特别是识别这一块，我能更清晰准确地认识到幼儿的能力在哪些方面较为欠缺，如一个小班孩子绘画时只会简单涂色，不会通过线条去表现一个作品，那我可以从幼儿小肌肉的发展特点去进行分析评价，通过加强练习、鼓励幼儿动手、能力操作等方式，让幼儿的绘画水平得到提高。

——邱爱婷

4

第四章

给予幼儿有力的支持：
班级质量管理评价（CLASS）

随着对学习故事的应用，我园教师对幼儿的关注更加敏感了，教师的观察能力也有所提升。在观察幼儿的过程中，能有效地注意到幼儿的学习，并对幼儿的学习内容进行分析，采取措施促进幼儿的发展。但在学习故事的应用中，始终存在难点。其中学习故事的第三部分"回应与支持"更是教师最难攻克的难关，支持和回应的力度非常小而且局限性很大。具体表现为：

（1）回应与支持缺乏理论依据支撑，教师想到什么就做什么。教师们运用回应策略时方法比较局限，基本是凭借着自己的经验给予幼儿回应，并且这些回应多是教师的主观意识，缺乏理性的思考和系统的梳理。

（2）能提出支持策略，但无法实施或效果不明显。我们很多时候所提出的回应只是为了应付上交文案资料，并没认真落实；有时候即便落实了，也没有留意反思是否有效，往往一带而过。

（3）支持策略泛泛而谈，太过笼统，无法落到实处。教师在描述回应策略的时候往往只是说个大概，无具体可执行的策略（如表4-1）。

表4-1 幼儿园教师观察记录表（建构区）

观察对象、年龄	明月（4岁半）	观察日期具体时间	2017年11月17日15：00—15：30	记录人	李老师
标题		会倒的围墙			
注意		今天又是小朋友最喜欢的混龄活动时间，我们班的小朋友纷纷找到自己的好朋友选择自己喜欢的区域进行活动。 这时，我在建构区看到明月活泼的身影。明月和筱柔选择了各种各样的材料，然后找到一块空地进行搭建。不一会的工夫，他们建造出一间漂亮的房子。这时明月说："我们要建一个围墙，要把房子围起来。"说完拿了很多的牛奶盒，一一排列了起来。这时，一阵风突然吹了过来，一字排开的牛奶盒全部被吹散了。于是明月又一个一个地把它们捡了回来，继续刚刚的工程。这时，又一阵风吹了过来，牛奶盒又被吹倒了。明月显然有些不耐烦了。 但她并没有就此放弃，而是继续捡回牛奶盒，像刚刚一样一字排列。当排列好之后，明月拿起了一块长木板，把长木板紧紧地贴在了一排牛奶盒的后面。突然，又一阵风吹了过来，但这次围墙纹丝不动。只听到明月高兴地说："这次终于吹不动了，我们用牛奶盒拼好后要拿一块木板挡住，这样围墙会更加结实。" 说完，他们很快把房子的围墙给弄好了，一间漂亮的房子完成了			
识别	领域目标	语言领域方面：愿意和别人交谈，能基本完整地讲述自己的想法，说话比较连贯。明月会把自己加固围墙的想法告诉筱柔，并邀请筱柔一起完成剩下的创作。 社会领域方面：喜欢和小朋友一起游戏，有经常一起玩的小伙伴。并能按照自己的想法进行游戏，在游戏时能和同伴进行交流和分享。在搭建时会有自己的想法，并把加固围墙的想法告诉同伴，让同伴与自己合作完成创作。 科学领域方面：明月能对物品进行仔细的观察和探索，能感知物体的结构特征。她懂得许多的建构技巧，如围合、排列等。发现了不同建构材料的特点，知道牛奶盒轻，会被风吹走，木板重，风吹不走，将两者巧妙结合，做出了围墙			
	心理发展	中班幼儿的思维具有具体形象性、观察持续时间较短的特点。但是，明月却能很好地观察到围墙不断地倒下，而且能分析原因，进行改进			
	学习品质	明月具有不怕困难、敢于探究和尝试、乐于想象、有创造力、坚持不懈、协调合作的学习品质			
回应		（1）提供更多的建构材料。 （2）在小结时一起分享。 （3）鼓励孩子学会合作解决问题			

在上述案例中，教师注意到了幼儿的"哇"时刻，也对幼儿的行为进行了分析，并做出了回应，但是教师对回应的描述太过简单了，只是很笼统地说了一些措施，但具体怎么实施，并没有详细地列出，所以是根本没有办法操作的，幼儿也得不到提高。究其原因，是教师缺乏回应与支持的有效策略。而这一困难，使我园教师的观察研究进入了瓶颈时期，对于学习故事的应用止步不前。这时大家陷入了沉思：学习故事的回应怎样才能更有效？有没有更系统、科学的回应策略呢？

2016年8月，坦洲镇中心幼儿园园长参加了在中山市教体局举办的CLASS班级质量评价体系培训班，聆听了澳门大学胡碧颖教授（CLASS的研发团队所在的TeachStone公司培训并认证的中国地区唯一一名CLASS培训师）的授课，并按要求接受由TeachStone公司组织的CLASS观察评价者有效性在线测验，成为一名认证合格的CLASS观察评价者。随后，教师们接触到了聚焦于师幼互动的班级质量管理评价系统。在整套课堂评价体系的支持下，大家豁然开朗，对这一难题有了新的思考和方向。

第一节　什么是班级质量管理评价法

一、认识班级质量管理评价法

班级质量管理评价法，又名课堂评估编码系统，英文全称Classroom Assessment Scoring System（以下简称CLASS）。它是由美国学者罗伯特·皮安塔（Robert Pianta）和布里奇特·哈姆雷（Bridget Hamre）等人在观察学前课堂教学情境下师生互动行为的基础上研发出的一套课堂评价评分系统。该系统使用自然观察法，通过观察师生互动中的教师行为有效定量评估学前教师行为，是目前在国际上受到心理学家和教育学家一致认可的学前教育质量评价系统。

知识加油站

CLASS的背景：

儿童早期教育经历对个体的认知能力、社会性和行为的发展具有持续性的影响，因此，各界越发关注学前教育质量。进入幼儿园后，学校成为布朗芬布伦纳（Bronfenbrenner）提出的发展生态模型中最密切的微观系统，是幼儿发展进程中最大的影响因素。而在学校系统中，教师是最为核心的要素。儿童的依恋对象由父母转变为教师，教师成为儿童的重要他人。教师如何评价儿童，如何营造课堂氛围，如何与儿童进行互动等行为模式，将对儿童的发展产生深远影响。通过一定的评价工具，对学前课堂中师生互动行为进行评估，有助于改进教师的教学行为，进而提高学前教育质量。此外，美国自联邦政府到州政府都正在实施将学前教育纳入免费义务教育的方案，这使得相关机构需要能评定学前教育机构资历和教育质量的工具。

为提高学前教育课堂质量，美国学者罗伯特·皮安塔（Robert Pianta）和布里奇特·哈姆雷（Bridget Hamre）等人在观察学前课堂教学情境下师生互动行为的基础上，研发出课堂评估编码系统。该编码系统主要从教师行为角度，通过观察课堂情境下教师与儿童的互动以及教师如何利用教学材料来评估学前课堂质量，并不用于现有教学材料、物理环境或是其安全性、具体课程等要素方面的评估。目前，该系统已在美国 433 所幼儿园中运用，被学前教育相关机构用于学前教师培训、评估、职业发展、政策制定和研究等方面。

来源：邓小平，孙晓娟，张向葵.美国学前教育中课堂评估编码系统述评［J］.外国教育研究，2013（6）.

二、为什么要用CLASS

1. CLASS以促进幼儿发展为目标

从CLASS描述的师幼互动三大领域可得知，教师良好的情感支持有利于促进幼儿的社会能力发展，幼儿与教师处于一个情感的积极氛围下，能学会尊重他人、与别人分享和合作。有效的行为管理能为幼儿自我调节提供习得机会，并提高幼儿的学习兴趣。行为管理良好的班级，幼儿能清楚地知道自己要做什么，做事认真专注，会表现出许多的积极行为。同时，高质量的教育支持能有效促进幼儿的思维发展。教师会运用各种教学方法促进孩子的思维发展，教师的提问多为开放性的问题，在解决问题时会进行预测、实验、对比、分类等。同时，教师好的反馈也能给予幼儿有效的支架，促进幼儿的思考与表达。

CLASS提供的评价能为探讨班级对幼儿学习表现、认知发展和行为改变的作用过程和机制提供解释，为培养良好的教师行为提供建议，从而促进幼儿的发展。

CLASS是一个基于研究基础的评价评分工具，用来帮助教师和学校提高课堂互动的质量和效果。CLASS关注师幼互动以及教和学的过程，描述了师幼互动的多个维度，而这些维度对幼儿的学业和社会性发展起着重要的作用。

2. 帮助教师进行教育教学反思

运用CLASS对教师进行观察后，领导者及教师本身能了解自己或同事们在情感支持、行为管理和教育支持方面的表现，针对薄弱处给予客观和具体的改进建议。

学习完CLASS后，我园在业务学习的时候会提供个别教师撰写的观察记录，让大家进行集体研讨。业务园长带领大家从CLASS的角度对案例进行分析，教师们都提出了自己的见解。教师都很愿意拿出自己的案例让大家进行讨论，因为这样能有效地汲取大家的建议，对自己教学的改进有很大的帮助。

对教师而言，CLASS可用作课堂质量的反馈，从而为教师发展提供方向和指导。同时，教师对照三大领域的各个维度的要求，对自己日常的教育教学也有自省的作用。

林老师在学习了CLASS中语言示范的维度后，反思到："在幼儿园的一日活动中，我会根据语言示范中的指标进行活动的设计，将语言示范中的指标融入活动当中。例如，需要更多词汇作答的问题时，在设计问题时我会提出开放性的问题，如'你认为应该怎样做？你觉得还可以怎样做？'等等。"她会以幼儿为主体，尊重幼儿的意愿和想法，提升幼儿的语言表达能力，同时也加强了她本人引导语的简明性。

三、CLASS的观察内容

CLASS的基本内容包括三个领域：情感支持、班级管理和教育支持。情感支持和班级管理这两个领域是幼儿学习的基础，而教育支持则促进幼儿认知和语言技能的发展。

情感支持领域包括积极氛围、消极氛围、教师敏感性和关注学生的观点4个维度。主要观察教师与幼儿、幼儿与幼儿之间的情感联系。其中，通过观察师幼之间的身体接触、语言沟通、目光表情、是否有消极情感、是否有威胁否定等来评价师幼氛围；通过观察教师是否发现幼儿的不足、是否提供有效的支持帮助以及是否关注幼儿的兴趣、观点、行为等线索来评价教师对幼儿的敏感与关注。

班级管理领域包括行为管理、活动安排效率、教学指导形式3个维度。主要观察教师对幼儿不当行为的预防和控制能力、教师能否提供清晰的行为期望、是否有良好的准备与过渡以及教师是否运用各种策略吸引幼儿积极参与活动等方面。

教学支持领域包括认知发展、反馈质量、语言示范3个维度。主要观察教师在活动中运用各种方法促进幼儿思维与认知发展的程度、为幼儿提供回应反馈与支架的程度以及教师语言的示范和引导水平（如图4-1）。

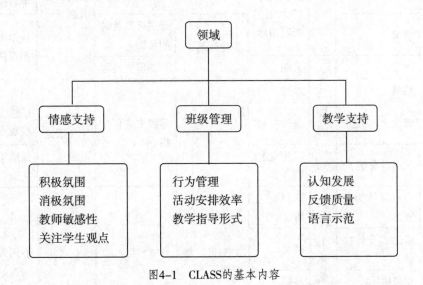

图4-1 CLASS的基本内容

这10个维度对应着各种指标，在各种指标下又有相对应的行为描述，根据指标下的行为描述进行学习（如表4-2）。

表4-2　CLASS的具体内容

情感支持							
积极氛围		消极氛围		教师敏感性		关注学生观点	
关系	身体上的接近	消极情感	易怒	意识（感应）	对问题和计划有恰当的预期	灵活性和学生关注点	展现出了灵活性
	分享活动		愤怒		意识到理解不足和/或困难		结合学生的想法
	同伴支持		语气严厉	回应	认可情绪		遵从学生的领导
	匹配的情感		同伴攻击		提供安慰和帮助	支持自主及领导	允许选择
	社会性的交流		无关的或扩大化的否定情绪		提供个别化的支持		允许学生主导课堂
积极情感	微笑			关注问题	提供有效及时的帮助		让学生承担责任
	大笑	惩罚性的控制	大叫		帮助解决问题		
	热情		威胁			学生表达	引导学生的想法和/或观点
积极交流	口头表达情感（语言反馈）		身体控制	寻找支持和指导			鼓励学生交谈
			严厉地惩罚				
	通过身体行为表达	讽刺/不尊重	讽刺语气/语言				
	情感（身体接触）		嘲笑	学生自如地表现	自由参与		不刻板
	积极地期望		羞辱				
尊重	目光接触	严重的否定	欺骗			移动限制	
	温和及平静的声音		恃强凌弱				
	表示尊重的语言		身体上的惩罚		承担风险		允许移动
	合作和/或分享						

班级管理（活动组织）					
行为管理		**活动安排效率**		**教学指导形式**	
清晰的行为期望	清晰的期望	使学习时间最大化	提供活动	有效地促进	教师参与
	一致性		完成后可以选择很少打扰		有效地提问
	澄清规则		有效完成管理任务		扩展学生的参与
具有前瞻性	预测到问题行为或更严重的问题行为		有节奏	形式和材料的多样性	听觉、视觉及运动机会的范围
	反应性低	日常作息	学生知道要做什么		有趣以及创造性的材料操作的机会
	监控		清晰地指导		
对不良行为的纠正	有效减少不良行为		很少走神	学生感兴趣	积极参与
	关注积极行为	过渡	简明扼要的清晰记录、后续跟踪		倾听
	通过暗含的线索引导行为				集中注意
	高效地纠正		蕴含学习机会	学习目标的澄清	先行组织者策略
学生行为	高频率地顺从	准备	材料准备和易取得		总结
	很少攻击和反抗		了解课程		重新引导式地陈述

教育支持					
认知发展		**反馈质量**		**语言示范**	
分析和推理	为什么和/或怎样的问题	支架	暗示帮助	频繁地交流	来回反馈
	问题解决				即时反应
	预测/实验		来回交换		同伴交流
	分类/比较	反馈回路	教师的坚持	开放性问题	需要更多词汇作答的问题
	评价		后续问题		学生的反应

续 表

教育支持						
认知发展		**反馈质量**		**语言示范**		
创造力的挖掘	头脑风暴	促进思考	要求学生解释思考过程	重复和延伸	重复	
	计划		对学生的反应和行为提出质疑		扩展/具体化	
	产出	提供信息	扩展	自我及平行式谈话	使用语言描述计划自己的行为	
融会贯通	将不同的知识点联系起来		澄清		通过语言描述计划学生的行为	
	与先前的知识相联系		特定的反馈	高级语言	词汇的多样性	
与现实生活相联系	在现实世界中的应用	鼓励以及肯定学生的坚持性	辨认			
	与学生的生活相联系		强调		与熟知的词汇和/或想法相联系	

第二节 幼儿园如何运用CLASS进行观察

在一次学习会议上，园长向教师介绍了CLASS的框架内容。教师们对CLASS充满了好奇、疑问，想要深入了解、学习CLASS。为此，我园开始组织教师学习CLASS的相关内容。

我们利用每周的业务学习对幼儿教师进行CLASS的培训。CLASS包含的内容繁杂，且考虑到教师们第一次接触CLASS，因此，我们将CLASS的内容按照维度划分为三大块，每次只学习一个维度的内容，以便幼儿教师能够理解、领会并将其运用在幼儿园一日生活中。每次学习结束后，为了解大家对于CLASS的理解、疑惑或困难之处，我们还开展现状调查，在调查中促进幼儿教师反观自身的观察行为，并尝试引导他们理解指标的内涵。

由此，我们采用了观念调查—指标学习—自我反思—观察运用四个步骤来推进CLASS在幼儿园中的应用。

一、尊重教师，激发内在动力——教师观念的调查与自我反思

尊重教师，就是倾听教师的心声，了解教师的需求。在学习CLASS之前，教师对CLASS的了解有多少，他们又是怎样理解CLASS中各指标的内容呢？所以在每个维度的学习之前，我们都会通过表格填写的形式了解教师对维度中各指标的认识与理解。针对教师敏感性这一维度中各指标的认识与理解，大多数教师对自我的判断如表4-3：

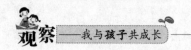

表4-3 教师敏感性内容反思调查表

领域	维度	指标	具体内容	易做到的内容	难做到的内容	盲点
情感支持	教师敏感性	意识（感应）	1. 对问题和计划有恰当的预期	√		
			2. 意识到理解不足/或困难		√	
		回应	3. 认可情绪			√
			4. 提供安慰和帮助	√		
			5. 提供个别化的支持	√		
		关注问题	6. 提供有效及时的帮助		√	
			7. 帮助解决问题			√
		学生自如地表现	8. 寻求支持和指导	√		
			9. 自由参与		√	

在调查表中，我们发现大部分教师对第1、4、5、8号的具体内容更容易做到，对第2、6、9号的具体内容感觉有困难，很少有教师能关注到第3、7号的具体内容。接下来我们针对情感支持领域中教师敏感性这一维度的指标及具体内容对教师的观念与行为进行调查。

A教师：美术活动"我喜欢的昆虫"中，祯祯小朋友在画自己喜欢的毛毛虫时，一直在用手挠头发。我看见了，走过去对她说："祯祯，你遇到了困难吗？我们一起来画好吗？我知道你一定行的！"然后，我与她一起观察毛毛虫的形状，引导她将毛毛虫一步一步画出来。我在这个案例中运用了"意识"指标中的"意识到理解不足/困难"和"回应"指标中"提供安慰和帮助、提供个别化的支持"。

B教师：秋季小班开学第一天，我能意识到幼儿会有与家长分离的情绪变化，所以，我提前让新生都带上全家福或是家里的小公仔来园。这是"意识"指标中"对问题和计划有恰当的预期"这一内容。

C教师：区域游戏时，幼儿都是自主地选择游戏材料，自由地玩耍，这是"学生自如地表现"中的"自由参与"。

D教师：露露吃饭的时候哭了，这时，我会去问她为什么哭，并告诉她不要哭了，这是"回应"中的"提供安慰和帮助"。

......

我们发现，教师对指标还有些理解不到位的地方。通过调查，我们总结了教师在学习CLASS中教师敏感性这一维度之前，其对幼儿的观察存在的问题。

1. 意识方面

在"意识"这一指标中，有经验的教师能根据经验"对问题和计划有恰当的预期"，但新教师比较难做到；在"意识到理解不足/或困难"这一内容时，有经验的教师也会有难度，他们往往不善于发现幼儿的困难点在哪里。例如，教师观察到"桐桐玩了一会串珠子就不玩了，她在室内各区域四处游走"。教师只看到幼儿的行为，并不了解其为什么会四处游走。

2. 回应方面

在"回应"这一指标中，大多数教师都能对幼儿的行为做出回应。例如，"发现桐桐没有安静下来玩材料的时候，我走了过去，问她想玩什么"。可以看出，教师会发现幼儿的行为并"提供安慰和帮助、提供个别化的支持"，但是提供的帮助与支持是否有效呢？究其原因，还是因为观察不够深入，不了解幼儿在哪里遇到了困难。同时，"认可情绪"是很多教师的盲点，他们看到幼儿有困难或有情绪时，会采用直接帮助幼儿完成挑战或是马上制止幼儿情绪的方法，结果是治标不治本，不能真正解决问题。

3. 关注问题方面

在"关注问题"这一指标中，常常出现教师自以为解决了问题，但实质上并没有有效地将幼儿的问题解决。例如，"我告诉桐桐说：很多小朋友在玩积木，你去那玩吧"，这是解决了桐桐四处游走的问题，但并没有解决桐桐为什么不玩串珠子的问题。

4. 学生自如地表现方面

在"学生自如地表现"这一指标中，在游戏活动时，幼儿更愿意"寻求支持和指导"并能"自由参与"，但是，在进行集体活动、生活活动以及体育活动时，基本上都是整齐划一，很难做到让幼儿"自由参与"。

虽然在调查中发现了教师对教师敏感性这一维度的理解不足，但是，这种结合实例、了解目标、反思不足的过程却能激发教师的内在动力，促使其朝着更专业的方向发展。顺势而为，接下来就是让教师对CLASS的内容进一步学习。

二、针对难点，逐个突破——组织教师学习指标内容

CLASS一共有41个指标，为了能够让教师们对每一个指标都能学习、运用，我们通常采用的步骤是：第一，分章节集体学习，了解具体指标的含义；第二，个人内化反思，运用指标的内容进行现场的观察和分析；第三，设计应用指标，将指标预设，并落实到游戏观察中；第四，反思与调整，再次理解指标，相互观察，重塑观念。下文将以教师敏感性为例进行说明。

教师敏感性具体是指教师要时刻关注学生的学业及情感技能和需求，并预估幼儿有困难的地方。基于幼儿的表现能够持续、快速、有效地回应儿童，并提供适宜的支持。教师敏感性维度有四个指标，分别是意识、回应、关注问题和学生自如地表现（如图4-2）。

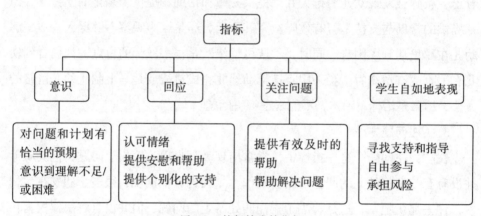

图4-2 教师敏感性指标

在幼儿园实践中，教师对幼儿行为的敏感度还是比较低，不能对问题有恰当的预期，或意识不到幼儿行为存在的问题。教师多以一个班级为整体对待幼儿，没有区别对待，对于个别幼儿的需求会有所忽略；教师回应幼儿时以教师的立场帮助孩子，没有深入地了解幼儿，从幼儿的角度理解问题。

针对以上问题，提高教师对幼儿需要的敏感性是我们培训的重点之一。

1. 分章节集体学习，了解具体指标的含义

在第一步教师的自我反思调查中，教师除了对自己的日常教育教学进行了总结，还提出了自己对教师敏感性这一指标在理解上的困惑。

A教师：我很想在我的计划中就能意识到孩子在哪方面比较有困难，但是对孩子哪里有困难的意识还是比较薄弱的，我要怎么才能做到对问题和计划有恰当的预期？

B教师：什么是承担风险？是在做一些有危险的事情时孩子要学会承担吗？

C教师：如果我在上课时，孩子有困难，我及时帮助他，那其他小朋友是不是要等待？怎么才不会顾此失彼？

针对教师对于教师敏感性内容的困惑，我们组织教师进行"教师敏感性"这一指标的理论学习。首先，我们让大家熟读并了解每个指标具体内容的字面意思；然后，我们再分析这些指标的内涵；接着，我们会选取很多有指向性的文字观察段落，根据描述内容进行具体内容的划分，让大家可以清晰地知道在哪种情形下有CLASS中的哪个具体内容；随后，再进行视频内容的观察与判断，以小组或个人的形式分享视频中CLASS的具体内容；最后，以作业的形式加深大家对指标中具体内容的了解。通过了解具体指标的含义，教师们对"教师敏感性"有了全新的了解。

D教师：一个敏感性高的老师会给幼儿个别化的支持。通过日常的相处了解每个幼儿的能力，利用对幼儿的了解与他们进行互动。我给幼儿制订任务目标的时候，要预估到每个幼儿的优势和需求，每个幼儿的能力都不一样，要适合幼儿的个性发展。例如，小组作画时，每个孩子的作画水平是不一样的，那么我给孩子的指导也有所区别，对于能力强的孩子需要他们画得更加精美，对于能力弱的孩子会对他们加强指导基本内容的力度。

E教师：一个有敏感性的教师要及时地对幼儿的学习需要给予支持。我们要时刻留意孩子在活动中的情况，适当地对活动的难易情况进行调整。例如，当我看到在数学区游戏的孩子，他不是很理解点数的配对，那么我会尽快对他进行单独辅导，帮助他理解点数配对的概念。如果有必要，还应该调整这个材料的难易程度，以适应孩子的需要。

2. 个人内化，练习使用指标

教师是否吸收所学内容，理解CLASS指标的含义？我们在教研活动时组织教师共同观看事先录制的集体教学活动，并根据指标进行分析。本次观看的是一节小班的数学活动"点数10以内的数"，当中有教师对幼儿的指导以及幼儿的表现，教师们一边观看一边做记录，把涉及教师敏感性内容的动作或语言记录下来，并且进行分析。以下是在教研中老师的分析实录。

F教师：我看到老师对问题和计划是有恰当的预期的，老师能意识到孩子对数字的概念比较抽象，所有用了实物让孩子点数。

G教师：老师还能意识到孩子可能对数值大的数比较难操作，教的时候会从低到高，逐渐加深难度。

H教师：对于数错的孩子，老师有对他进行个别指导，并且展示给全部孩子看，一方面帮助该孩子，另一方面让其他孩子进行巩固和复习。

J教师：孩子积极地参与活动，积极举手上台点数，承担了有可能出错的风险。

……

教师们分析得非常仔细，能从整个课堂中找到与教师敏感性指标相符合的行为进行分析，并且能够提出自己的见解。在这个过程中，大家进一步加深了对概念的理解。

3. 自我反思，对照指标深入分析

在进行现场学习后，教师需借助《学习提升计划表》进行反思与梳理，针对指标中的具体内容，进一步思考自己的不足与提升计划，努力让自己的师幼互动策略向CLASS观察评价中的指标靠拢（如表4-4）。

表4-4　学习提升计划表

班级：中　班　　　姓名：梁老师

我期望提升的三个策略：
（1）意识（对问题和计划有恰当的预期）。 （2）关注问题（帮助解决问题）。 （3）学生自如地表现（自由参与）
我的不足之处，说明如何提升策略： （1）意识（对问题和计划有恰当的预期）：这一点自己是比较弱的，有时在备课时往往没有做好恰当的预期，把握不住重难点，有时太简单，孩子一下子就学会了；有时太难，大家不理解，上课的效果不太理想。以后在进行活动前应该想到活动中会出现的问题，并做好相关的准备

（2）关注问题（帮助解决问题）：日常的师幼互动中，我可能会关注到个别幼儿的问题，给予浅表的帮助，其实并没有深入了解幼儿的需要，真正解决问题。以后要关注幼儿真正的需求并给予有效的帮助。

（3）学生自如地表现（自由参与）：在孩子的一日活动中，我对幼儿比较高控，很多事情都为孩子安排好。以后我应该让幼儿自由、自主地选择他们想要做的事情

我的实施计划：

（1）为了能对问题和计划有恰当的预期，我必须认真准备好每一节课，这就要做到以下几点：第一，我要认真备课，在备课的过程中要预设到孩子可能出现的情况，有应对的措施。第二，要根据孩子的能力选择教学方法，要站在孩子的角度看问题。

（2）为了更加有效地帮助孩子解决问题，我要主动积极地去观察每个孩子。区域活动时，蹲下来参与到孩子的游戏中。只有了解孩子学习的整个过程，才能知道孩子需要解决什么问题。在集体活动时，要仔细留心那些走神或表情困惑的孩子，这样才能够及时地给他们提供合适的帮助和支持。

（3）我要学会放手，让孩子更加自主地去做他们想做的事情。在一日生活的过渡环节中，我要给予孩子时间，让他们去选择自己想要做的事情，而不是说全部孩子上厕所和喝水。在区域活动中，我要让孩子选择自己喜欢的区域进行游戏，而不是说今天你只能去美工区

4. 应用与调整，游戏中相互观察，重塑观念

通过前面3个步骤的学习，教师对CLASS的维度、指标与具体内容都越来越熟悉。接下来，我们采用视频案例分析的方式，让教师再次理解指标，重塑观念。

找平衡

教师向幼儿走去，拿起幼儿桌面材料的盒子放下。接着和幼儿一起看操作卡。

师：对啊，竖起来。（继续观察幼儿操作）

幼儿将平衡板竖立摆放起来。

师：接着呢？……这个是用来干吗的？干吗呀？这是干吗？（教师拿起骰子示范）丢到什么？它可以弄两次。

幼儿拿起骰子继续丢。

师：对，可以丢两次。

幼儿继续丢骰子。

师：教师抓起材料放在幼儿胸前的托盘上。再丢，再丢，再丢，这是什么？

幼：脚印。

师：哦，脚印，找到脚印了吗？在这里找一下（教师抓起一把材料放在幼儿胸前的托盘上，示意他寻找）。

幼儿找到了脚印。

师：找到脚印干吗？放在小狗上面。

幼儿指了指小狗，将脚印放在了另一边。

师：好，再丢。

（幼儿拉了拉敞开的上衣，教师帮其整理好。）

师：再丢。

幼儿丢完，又玩弄桌面的其他玩具。

师：好，这是什么？

幼：骨头。

幼儿拿起骰子举高来看，教师从幼儿手中拿走骰子。

师：哪里有骨头？

幼儿寻找，然后举起一个像骨头一样的木块。

师：骨头放在哪里？

幼儿将骨头叠放在平衡板上，上面的材料掉了下来。幼儿再次尝试。

师：你要把它们放在这里，不要掉下去，知道没有？……好，再丢。幼儿继续看着操作示意图。

师：你要丢这个，才知道下一个放什么啊？

幼儿又丢了一次骰子。

师：什么东西？

幼儿又看了看示意图，拿了一个材料放了上去。

师：跟它一样吗？（和骰子一样吗？）

此时，另一位男孩走过来，教师离开，幼儿把材料散落在桌面，乱抓着玩。

针对以上案例，我们组织教师进行集中教研，运用CLASS工具，观察教师对幼儿游戏的指导是否有效。通过观察，大家一致认为，教师此次对幼儿游戏的指导效果不大，主要体现在以下几方面：

（1）师幼互动的频率较低。幼儿只有在教师问"这是什么"的时候进行了两次语言的反馈，其他时候都是听从教师指令进行操作。

（2）教师指导的时机不适。教师在幼儿刚刚取得这份材料的时候就开始指导幼儿操作，没有给幼儿提供自主探究的机会。

（3）教师对幼儿的指导形式单一。在指导的过程中，教师都是以我说你做的形式指导幼儿操作，没有用其他方式进行指导。

（4）教师的指导目的不明确。一方面教师的指导不能促进幼儿思考，没有让幼儿去思考该如何去摆弄、操作这份游戏材料。另一方面大家从视频中看到"教师离开，幼儿把材料散落在桌面，乱抓着玩"，也说明教师的指导未能引起幼儿对材料的兴趣与再次探索材料的欲望。

那么，怎样的指导策略更有效呢？通过借助CLASS的框架，我们认为可以从以下几点来提升指导策略：

（1）建立和谐关系，鼓励幼儿自如表现。对照 CLASS工具中情感支持领域的指标，师幼互动中要有亲密的关系、积极的情感、积极的交流、相互的尊重。案例中，教师能蹲下来观察幼儿玩材料，用温柔的声音与幼儿沟通，当幼儿"拉了拉敞开的上衣时，教师帮其整理好"。从表面来看，教师与幼儿是亲近的，教师是尊重与关注幼儿的。但是，从整个游戏过程来看，所有的对话都是由教师发起，幼儿只是听从教师的指挥对材料进行了操作，这种教师高控的指导并非是幼儿想要和愿意接受的。教师要提高游戏中指导的有效性，就必须与幼儿建立和谐互爱的师幼关系，鼓励幼儿自如表现，使其能主动寻求或愿意接受教师的指导。

（2）增强教师敏感性，支持幼儿自主游戏。以上案例中，幼儿刚拿到材料，还没有将材料完全摆放好，也没有进行自主操作，教师就去进行指导，显然是不适宜的。那应该在什么时候去进行指导呢？大家都觉得，应该在幼儿操作遇到困难时再进行指导。CLASS工具中教师敏感性维度主要包括4个指标，分别为意识、回应、关注问题、学生自如地表现。对照这些指标，教师的指导可以是：在幼儿游戏前，教师提前了解幼儿的能力、了解《找平衡》这份材料的操作程序、了解大部分幼儿在操作时遇到的困难，并针对以上情况做出相应的计划；在幼儿游戏过程中，教师要以一个旁观者的身份去观察幼儿，支持幼儿自主地操作；在发现幼儿对《找平衡》的操作程序有困难时，及时给予回应，并能关注问题。可以通过程序记录表让幼儿对照操作程序做一步，记录一步，以有效帮助幼儿解决困难，支持其自主游戏。

（3）创新指导形式，激发幼儿操作兴趣。CLASS的教学指导形式维度包括有效地促进、形式和材料的多样性、学生感兴趣、学习目标的澄清4个指标。区域游戏中，幼儿的操作材料是多样性的，教师如果创新一下指导形式，一定能增强幼儿对材料的主动探究。在此案例中，教师的指导形式比较单一，只用了提问的方法引导幼儿按其指示去操作。如果要让指导更有效，教师可以采取角色参与的方式，帮助幼儿解决困难。教师可与幼儿共同玩这个材料，轮流丢骰子，轮流将丢到的物体积木摆放到平衡板上，这样，不仅可以增强幼儿游戏的趣味性，也可以将操作程序清晰地呈现出来。

（4）提升有效认知，促进幼儿积极思考。CLASS的认知发展维度包括分析和推理、创造力的挖掘、融会贯通、与现实生活相联系4个指标。有效的认知发展能够让幼儿在解决问题时去分析和推理，能够激发他们的创造性，并且让他们产生自己的想法，去理解世界。在《找平衡》这个案例中，教师可以提出一些开放性的问题问幼儿，如怎样才能让这些小积木放到平衡板上还能保持平衡？用什么样的方式解决先放哪块积木再放哪块积木的问题？提出问题后，给予幼儿探索的时间，发现幼儿探索时遇到的困难，帮助幼儿解决困难，这样的指导才能促进幼儿积极地思考，提升幼儿操作游戏材料的兴趣。

通过以上案例，我们可以看到，教师在运用CLASS观察评价游戏活动时不仅看到了活动中的显性问题，还能观察到师幼之间更多隐性而有价值的内容；不仅观察到教师对游戏指导时的不足，还能对照CLASS框架提出更多指导的策略，有效地提高教师对幼儿游戏的观察与指导能力。

同时，CLASS的学习使得幼儿教师意识到自己在组织幼儿一日活动中无论是在情感支持、班级管理方面还是在教学支持方面都存在许多不足和需要改进的地方。因此，CLASS就像是一面镜子，可以让幼儿教师时时看清自己，不断反思自己的行为，并根据CLASS指标进行调整，不断更新自己的教育理念，提升自己的专业水平。

第三节　CLASS的实施效果如何

通过对CLASS的学习后，教师的专业观察能力是否有提升呢？我们鼓励教师将CLASS应用到幼儿与一日活动中的方方面面。我们发现，使用CLASS观察之后，他们的观察更聚焦了。我们从集体活动、游戏活动、生活活动三大方面进一步梳理了教师应用CLASS观察的成效。

一、集体教学活动的观察对比

（一）以往教师采用的评价——对《幼儿园教师听课记录表》的反思

《幼儿园教师听课记录表》是在幼儿园内进行各领域集体活动观摩、评价时常用的表格，主要包括时间、记录人、班级、授课人、活动主题等内容。根据此表格，评价者在观察时主要观察教学过程中教师的基本功、幼儿的兴趣状态以及课程的连贯性，所以，在评价时也关注教学目标是否达成、教师的能力以及幼儿的参与度等。大二班邱老师在听课现场采用传统的《幼儿园教师听课记录表》对大班音乐活动"跳花绳"进行了听课记录及评价（如表4–5）。

表4–5　幼儿园教师听课记录表

日期	2019 年 3 月 14 日	记录人	邱老师
班级	大一班	授课人	李老师
教学过程			评价意见
活动主题：　大班音乐活动"跳花绳"			
一、引入 （1）跟随音乐节奏律动和老师互动打招呼。 （2）欣赏音乐，感受乐曲的旋律和乐曲中特有的节奏型。 （3）话题引入，介绍			（1）可以请跳得好的幼儿上台表演

续表

教学过程	评价意见
活动主题： 大班音乐活动"跳花绳"	
二、介绍游戏 （1）观察图片，猜猜在玩什么？ （2）介绍"跳花绳"游戏。 三、学习跳花绳动作 （1）初步感受"跳花绳"中跳的基本动作。 （2）分解动作，理解和掌握"跳花绳"中的动作要领。 （3）出示一条大花绳，幼儿集体练习"跳花绳"的游戏。 （4）幼儿分组比赛，体验民间音乐游戏的情趣。 ①把幼儿分成四组，自由练习。 ②看老师手上的颜色牌子，老师举牌子，相应颜色那组就跳。 四、小结	（2）第三部分，在幼儿分组比赛后可以把难度增加。 （3）个别幼儿对节奏把握不准确。 学动作时可以让幼儿站起来

（二）采用《幼儿园集体活动CLASS观察评价表》进行观课评课

《幼儿园集体活动CLASS观察评价表》以CLASS评价体系为框架，从10个维度对幼儿园的集体活动进行观察评价。记录人在听课时，会将与指标相适应的语言记录在相应的指标内，同时，可以用录音、视频的方式辅助记录，以便后期记录指标更准确、完整。以下是我园邱老师在填写了《幼儿园教师听课记录表》后，通过再次观看集体活动"跳花绳"的视频，采用《幼儿园集体活动CLASS观察评价表》进行观课评课的记录（如表4-6）。

表4-6 幼儿园集体活动CLASS观察评价表

活动名称：大班音乐活动"跳花绳" 　　　　执 教：李老师
日期：2019年3月18日 　　　　　　　　记录人：邱老师

领域	维度	指标	出现次数	观察内容描述
情感支持	积极氛围	关系	多次	（1）教师与幼儿之间关系融洽，有积极情感，教师能热情地与幼儿交流，靠近幼儿，能用温和平静的声音交谈，鼓励幼儿合作，尊重幼儿。 （2）匹配的情感：幼儿跳得好的时候，教师会为他们高兴，会及时进行鼓励
		积极情感	多次	
		积极交流	多次	
		尊重	多次	
	消极氛围	消极情感		无
		惩罚性的控制		
		讽刺/不尊重		
		严重的否定		

续 表

领域	维度	指标	出现次数	观察内容描述
情感支持	教师敏感性	意识（感应）	3	（1）对问题和计划预期：意识到幼儿完成会有难度，提前在幼儿右腿贴上即时贴，还有课室椅子的摆放、活动人数的确定等。 （2）对于难学的动作会进行多次指导。 （3）幼儿自由参与活动，积极性高，勇于承担风险
		回应	1	
		关注问题	2	
		学生自如地表现	持续	
	关注学生观点	灵活性和学生关注点	2	（1）教师能灵活调整课堂，能根据幼儿掌握跳绳的程度灵活调整环节。 （2）允许孩子选择自己喜欢的造型和卡片。 （3）积极提问引导幼儿的想法。 （4）幼儿能自由活动，不刻板
		支持自主领导	2	
		学生表达	多次	
		适当地允许移动	持续	
班级管理	行为管理	清晰的行为期望	多次	（1）教师提出清晰的游戏规则，玩了一次之后，教师再次澄清规则。 （2）多次示范正确动作。 （3）不良行为纠正：表扬双手叉腰准备好的小朋友。 （4）幼儿参与活动积极性高，较热情，积极参与整个活动
		具有前瞻性	多次	
		对不良行为的纠正	1	
		学生行为	持续	
	活动安排效率	使学习时间最大化	持续	（1）教师为幼儿提供活动，活动结束后，幼儿可以选择做自己的事情。 （2）幼儿知道自己要做什么，教师会进行清晰的指导。 （3）各环节衔接自然，过渡流畅。 （4）做好充足的课前准备，材料摆放到位
		常规		
		过渡	持续	
		准备	持续	
教学支持	教学指导形式	有效地促进	1	（1）教师通过多次有效提问促进幼儿思考，能对幼儿回答做出反应。 （2）教师通过集体、小组多种形式让幼儿玩跳花绳的游戏，运用听觉、视觉等让幼儿积极参与。 （3）先行者策略：教师开始提出游戏的规则。 （4）幼儿积极参与，认真听讲，集中注意力玩游戏
		形式和材料的多样性	多次	
		学生感兴趣	持续	
		学习目标的澄清	1	

续表

领域	维度	指标	出现次数	观察内容描述
教学支持	认知发展	分析和推理	2	（1）教师会提很多开放性的问题，帮助幼儿解决问题，环节层层递进，幼儿游戏兴趣浓厚。 （2）提问幼儿小学生大课间玩什么？与生活有联系。 （3）不同的知识点：分组、颜色分类等
		创造力的挖掘		
		融会贯通		
		与现实生活相联系	1	
	反馈质量	支架	多次	教师通过很多语言以及动作的提示引导幼儿掌握"跳花绳"的要领，不断提问和反馈，加深幼儿对"跳花绳"的认识，当幼儿完成之后，教师会及时鼓励幼儿完成得很好
		反馈回路	多次	
		促进思考		
		提供信息		
		鼓励以及肯定	多次	
	语言示范	频繁地交流	多次	（1）对幼儿的回答，教师会马上做出反应。 （2）开放性的问题：听音乐的感受，为什么想上小学。 （3）扩展认识音乐性质：听起来怎么样？ （4）高级词汇：绕、压、跨、音乐旋律、轻快、活跃
		开放性的问题	2	
		重复和延伸		
		自我及平行式对话		
		高级语言	多次	

活动综合评价意见：

1. 优点

（1）在积极氛围方面：活动中教师能为幼儿营造积极氛围，教师与幼儿之间的关系是温馨、融洽的。教师能以积极饱满的情绪感染幼儿、尊重幼儿，鼓励幼儿回答，给予每位幼儿表现、学习的机会。

（2）在教师敏感性方面：教师在设计上预知幼儿要掌握的难点，所以环节上层层递进，能时刻关注幼儿的学习状态，帮助幼儿掌握要领。在幼儿右腿上贴上即时贴也是教师的有效策略。

（3）在关注学生观点方面，教师能灵活调整课堂，根据幼儿掌握跳绳的程度灵活调整环节。

（4）在班级管理方面：教师有清晰的行为期望，各环节过渡自然，运用多种形式让幼儿有各种体验，幼儿始终充满兴趣。

（5）在教学支持方面：教师通过多次有效提问促进幼儿思考，能对幼儿回答做出反应；使用开放性的提问、高级语言促进幼儿的思考。

2. 不足

（1）在个别化指导上体现比较少，部分幼儿没有正确地掌握花绳的跳法。

（2）可以在设计环节上加以创新，让幼儿自己创造花绳的跳法通过同一位教师两种不同的观察评价表，我们可以看到，教师在运用CLASS观察评价集体活动时观察的计划性更强，在观察前就做好了表格的准备；教师观察的目的更明确，知道主要从10个维度进行观察；教师观察的内容更聚焦，聚焦于师幼之间情感、言语、动作的互动。同时，教师在观察后评价的内容是师幼互动、幼儿学习的过程，而不是以目标结果为评价；评价的范围更全面，能给执教教师和幼儿以支持的具体策略（如表4-7）。

表4-7　幼儿园教师听课记录表与集体活动CLASS评价记录表对照

表格类型	观察目的	观察内容	观察小结
幼儿园教师听课记录表	无计划	活动目标达成度、教师组织教学活动过程、幼儿的参与度	主要以目标结果为评价
CLASS集体活动评价记录表	计划性、明确性	师幼之间在情感、言语、动作的互动	范围全面，主要包括情感支持、班级管理和教学支持

二、游戏中的观察对比

（一）以往常用的《幼儿园区域游戏观察记录表》反思

常用的区域游戏观察记录表格主要记录两种情况：一种是以个别幼儿为线索，针对此幼儿在游戏时与材料、同伴发生互动的过程性观察；另一种是以多数幼儿为线索，主要针对班级所有幼儿或一个区域内幼儿游戏时的语言、互动、兴趣等方面做粗略记录。吴老师运用《幼儿园区域游戏观察记录表》记录了俊睿小朋友拼挖掘机的过程（如表4-8）。

表4-8　幼儿园区域游戏观察记录表

班级：小四班　　　　时间：2019年1月7日　　　　记录人：吴老师

观察对象	俊睿	年龄	3岁9个月	性别	男
所在区域	建构区	时间	2019年1月7日上午10：00		
观察情况记录	俊睿在建构区玩，他想拼一辆挖掘机，老师走过来与他沟通，希望他能按照图片提示来建构，但俊睿并没有看就自己完成了一辆与图片上不一样的挖掘机				
评价分析	俊睿小朋友聪明、动手能力强				
改进措施及目标	（1）还可以提供更多的材料给幼儿建构。 （2）提示卡真的有用吗？对于会创作的幼儿来说，可以多提供机会让他自由建构				

从记录中我们可以看到，吴老师在观察班级幼儿区域游戏时，观察对象主要是俊睿，观察内容是俊睿建构挖掘机的过程，观察后的评价主要是表扬俊睿聪明和动手能力强，并没有分析俊睿的其他能力和水平，也不能形成有针对性的改进措施。

（二）采用CLASS进行的游戏观察记录

那么，究竟俊睿是怎样一步一步地完成建构的？过程中教师与他的沟通有没有起到积极的作用呢？我们通过播放视频，组织教师在《幼儿园游戏活动CLASS观察记录表》中又进行了一次观察与记录（如表4-9）。

表4-9　幼儿园游戏活动CLASS观察记录表

案例名称：小四班区域游戏活动　　　日期：2019年1月12日　　　记录人：吴老师

领域	维度	指标	观察内容描述	评价			
				较差	一般	良好	优秀
情感支持	积极氛围	关系	（1）身体上的接近：教师在整个活动中与幼儿的互动关系是非常温馨的。讲解操作材料时都有目光和身体的接触。（2）匹配的情感：美工、建构区的孩子会与杜老师分享，老师也会以微笑进行回应和交流。（3）尊重：在活动中老师说话声音平和。（4）积极交流：老师会注视幼儿的操作，但缺乏对大部分幼儿的关注			√	
		积极情感					
		积极交流					
		尊重					
	消极氛围	消极情感	无				
		惩罚性的控制					
		讽刺/不尊重					
		严重的否定					
	教师敏感性	意识（感应）	（1）回应：当有幼儿叫"老师过来"，老师会马上说："等一下。"（2）关注问题：对幼儿有需要帮助时，教师会关注孩子。（3）学生自如地表现：孩子能自由地单独工作，出现问题会寻求老师的帮助，表现在智荣和俊睿小朋友		√		
		回应					
		关注问题					
		学生自如地表现					

续 表

领域	维度	指标	观察内容描述	评价			
				较差	一般	良好	优秀
情感支持	关注学生观点	灵活性和学生关注点	（1）遵从学生的领导：孩子玩拼图和俊睿拼挖掘机遇到困难，需要帮助，老师会给予帮助。		√		
		支持自主及领导	（2）允许选择：孩子们是自己选择材料操作。				
		学生表达	（3）学生表达：幼儿能说出自己的观点，俊睿要拼有臂的挖掘机。当教师引导后，孩子能清楚地表达自己的观点。				
		适当地允许移动	（4）允许移动：活动中，孩子们是自由地来回走动的				
班级管理	行为管理	清晰的行为期望	（1）清晰的行为期望：对材料的划分，是结合动静划分和人数的划分。			√	
		具有前瞻性	（2）具有前瞻性：教师对孩子们来回巡视指导。				
		对不良行为的纠正	（3）孩子分布到教室的每个区域：有的在地板上操作材料，有的在桌面上操作材料，有的在教室的角落玩搭建等。				
		学生行为	（4）学生行为：孩子无须提醒规则和期望，能以适宜的方式管理自己，整个活动没有出现打扰别人工作的行为				
	活动安排效率	使学习时间最大化	（1）提供活动：老师提供了室内区域活动。			√	
		常规	（2）有节奏：孩子们都在操作区操作材料。				
		过渡	（3）清晰地指导：孩子在操作上，遇到困难需要帮助时，教师能提供清晰的帮助。				
		准备	（4）很少走神：孩子们都很认真地操作材料。				
			（5）材料准备和易取得：孩子在入区时，能很快找到需要的材料				
班级管理	指导形式	有效地促进	（1）教师参与：教师有参与到活动中。			√	
		形式和材料的多样性	（2）有趣以及创造性的材料：室内区域材料比较丰富。				
		学生感兴趣	（3）积极参与：建构区和美工区的孩子都很认真地工作。				
		学习目标的澄清	（4）学生感兴趣：整个活动中，孩子们都还是很有兴趣的				

领域	维度	指标	观察内容描述	评价			
				较差	一般	良好	优秀
教学支持	认知发展	分析和推理	（1）分析和推理："怎样才能让臂臂不倒下"，通过操作插圆形贴片、插在挖掘机的中间等，让"臂臂"立起来。			√	
		创造力的挖掘	（2）创造力的挖掘：教师一直让操作挖掘机的男孩子进行自我的创造。				
		融会贯通	（3）融会贯通：教师问："挖斗是怎么样的？"男孩子说："挖斗是正方形的。"接着拼出正方形。				
		与现实生活相联系	（4）与现实生活相联系：教师问："挖掘机少了什么？"男孩子说："少了椅子，还有遥控。"				
	反馈质量	支架	（1）暗示：操作盘上有骰子，但孩子没有使用，老师会问孩子："这是干什么的？"还会提醒俊睿小朋友看操作提示图片。			√	
		反馈回路					
		促进思考	（2）对学生的反应和行为提出疑问：俊睿拼了挖掘机的吊臂，说"这样不行！"教师质疑："为什么不行啊？"				
		提供信息					
		鼓励以及肯定	（3）辨认：认可孩子的能力，俊睿旁边的孩子摆好了12345，教师点头说："嗯，不错。"				
	语言示范	频繁地交流	（1）频繁交流：教师与需要帮助的小孩有频繁交流，特别是俊睿。		√		
		开放性的问题					
		重复和延伸	（2）开放性的问题：有体现，但不多。"告诉我，这个怎么贴。"				
		自我及平行式对话	（3）高级：高级词汇的使用较少				
		高级语言					

小结与反思：

（1）小结：教师在情感支持和班级管理这两方面做得都比较好，如身体上的接近、提供个别化的指导、提供活动、有节奏（每个孩子都有事做）、有趣以及创造性的材料（材料丰富）都体现得很好。在幼儿操作过程中也会对个别幼儿给予操作的支持和指导，会帮助幼儿去解决问题。活动中，幼儿在操作时，都是很积极地参与，专注力强。在教育支持方面，有关注孩子的操作，能帮助孩子分析及解决问题

续表

领域	维度	指标	观察内容描述	评价			
				较差	一般	良好	优秀
（2）反思：教师在跟幼儿交流方面，使用高级词汇的多样性很少，对孩子的赞美很表面、不具体，如很棒！不错！对于及时反馈和反应体现不明显。在对幼儿使用语言计划自己行为方面和用语言计划学生行为方面也没有出现							
后续的支持： （1）教师在教学支持方面，语言示范要再精准一点，对于不清楚的词汇，可以上网搜，与幼儿交流时，可以使用一些高级词汇。 （2）教师应提出更多促进幼儿思考的问题，以帮助幼儿有效解决困难。 （3）在开放性问题方面，教师向幼儿抛问题时表达要清晰明确，要鼓励幼儿使用更多的词汇作答。同样，教师在回答幼儿提出的问题时，词汇也要更丰富。 （4）教师的指导比较表面，介入要适时，同时应该将问题扩展和具体化。 （5）教师应该对个别有需要的幼儿进行帮助和引导，对已指导的幼儿要进行后续跟踪							

通过吴老师对同一幼儿、同一游戏进行的两次不同方式的观察与评价，我们可以看到，用CLASS对游戏活动进行观察评价，在观察范围上更全面，可以涵盖视频内的所有孩子；在观察内容上更细致，可以细化到师幼之间的每一句对话；在观察评价上更具体，可以明确到游戏中教师要做到哪些有效的支持（如表4-10）。

表4-10　幼儿园区域游戏观察记录表与幼儿园游戏活动CLASS观察评价表对照

表格类型	观察对象	观察内容	观察小结
幼儿园区域游戏观察记录表	个别孩子	游戏的整个过程	主要包括游戏情况和教师的介入两方面
幼儿园游戏活动CLASS观察评价表	所有孩子	更细致、更细化	范围更全面，主要包括情感支持、班级管理和教学支持

（三）生活活动中对CLASS的运用

CLASS的运用不止在课堂和游戏中得以体现，其实还渗透在幼儿园生活中的方方面面。教师晨会时，中班的梁老师分享了一个有关班级幼儿衣服怎么放的案例。

生活案例

衣服怎么放

今天准备带孩子们去户外活动，我让他们先脱衣服再排队，在脱衣服时，我发现有的孩子把衣服挂在椅背，有的直接放在椅子上，还有的衣服掉在地上。看到这个情况，我没有让他们排队，而是让他们一起观察放衣服的椅子。

教师：孩子们，你们发现了什么？

哲哲：衣服很乱。

雯雯：衣服掉在了地上，很脏。

俊俊：衣服没有叠好。

珺珺：脱了的衣服不能挂在椅子背后。

琳琳：有的衣服放在椅子上，有的挂着。

乐乐：他们出来排队时碰到我的衣服，衣服掉在了地上。

婧祯：宸宸在脱衣服时喜欢讲话，很吵。

教师：哦，衣服摆放不整齐、整理时很乱，那怎样才能做得更好呢？首先我们来讨论一下衣服放在椅子的哪个位置比较合适。

维维：放在椅子坐凳上比较好，因为不会掉。

哲哲：放在椅背上很容易掉下来，别人碰一下就掉了。

景行：椅背上也好，直接挂上去就可以了。

教师：那你们尝试一下，看看怎么放会更好一点？

（孩子们纷纷尝试。）

教师：大家觉得衣服放哪里比较合适呢？

希希：放椅子的坐凳上比较合适。

诗韵：放椅子的坐凳上比较合适。

教师：那其他小朋友都同意把衣服放在椅子的坐凳上吗？

全体幼儿：同意。

教师：孩子们，你们记得嘟嘟牛的服装店吗？嘟嘟牛服装店里的衣服是怎么放在柜子里的？这样好看吗？

斯惠：好看，很整齐。

维维：衣服都是叠好的。

教师：那我们应该怎么做呢？

全体幼儿：叠整齐衣服。

教师：怎么样才能叠整齐呢？

铜铜：放在椅子上叠。

教师：那铜铜出来尝试一下是怎么叠衣服的。

（教师请几个叠衣服能力强的孩子示范，其他孩子模仿。）

教师：今天，我们一起讨论了户外活动前要怎么叠衣服，叠好的衣服如何整齐地摆放在椅子的坐凳上的问题，大家齐动手，让我们的活动室更整洁。希望以后在户外活动前你们都能做到。

梁老师描述案例后，园长组织教师从CLASS的维度，现场对这个生活案例进行评价。

A教师：梁老师在发现幼儿的衣服摆放无序时，没有发脾气，而是组织大家一起来发现问题。从一这点可以看到梁老师与幼儿之间关系是平等的，老师是尊重幼儿的。

B教师：看到衣服很乱，梁老师马上意识到多数幼儿对叠衣服、衣服放哪存在理解不足的问题，这也展现了教师的敏感性。同时，教师组织幼儿面朝椅子围圈站着观察，需要有清晰的指令。

C教师：梁老师问"孩子们，你们发现了什么？"有效地促进了幼儿的观察、思考与表达，同时，当幼儿将衣服乱放的情形表述出来后，老师又问："怎样做才能更好？"又引起了幼儿新的一轮头脑风暴，这些都关注了幼儿的看法。

D教师：有融会贯通。梁老师引导幼儿将衣服叠整齐摆放时问幼儿："你们记得嘟嘟牛的服装店吗？嘟嘟牛服装店里的衣服是怎么放在柜子里的？"嘟嘟牛的服装店是幼儿先前学过的知识，老师将其联系了起来。

E教师：整个过程下来，幼儿不会叠衣服、不会摆放衣服的问题得到了解决，教师有效地完成了管理任务，并对个别不会叠衣服的幼儿提供了个别化的支持。

……

从这个案例的发生到梁老师的讲述以及其他教师的分析，我们可以看到，教师们通过对CLASS评价体系的学习不仅可以清晰地观察评价别人，还能有效地反思自我的行为。幼儿园教师观察能力提升的目的是要通过观察，了解评价幼儿，更有效地指导教育活动的开展。《衣服怎么放》这个案例中，梁老师在观察幼儿的行为后，采取了各种方法进行引导，不仅让幼儿学会了叠衣服、放衣服，还让幼儿思考、实践、表达，有效地指导和优化了生活活动。

在学习和运用CLASS后，教师在观察幼儿方面有了更多的视角，在回应幼儿方面有了更多的思考，在支持幼儿方面也有了更多的方法和方向。一起来看看教师学习后的感受吧。

附：

教师心声

一、运用CLASS后对集体教学观察的变化

运用CLASS表格进行听课记录后，有几点感触是比较深的。其一是个人觉得传统的教师听课表更注重的一点是填写上课教师教学内容的过程，对教学内容的设计、幼儿的学习氛围等方面体现较多。其二是对上课教师的一些教学技巧的建议。这样的记录方式比较单一，不够全面。而CLASS表格的记录方式是比较全面的，对教师的实施措施、教师的语言表达、幼儿的回应、幼儿的行为、班级管理、师幼之间的关系和互动等方面都有充分的体现。而且有助于观察的教师知道观察的主要内容，清楚应该从哪些方面去观察，对教师观察能力的提升有一定的帮助，同时可以提升教师的专业素质和专业水平。

——林焕桃

以前，我们评课通常都是根据教态、准备的教具、活动各环节开展的情况进行评课，虽然分几大点来评课，但内容还是比较笼统。当出现意见不统一时，大家会各执一词，没有可参考的依据，最后不了了之。自从有了CLASS活动评价记录表，情感支持、班级管理、教育支持三大领域的各项指标都非常清楚、明了。在开展集体活动时，能够有目的地进行观察，并根据指标的内容进行记录及反馈。特别是在评课的时候，我们都会朝着同一个方向更深入地点评，不再迷茫。例如，在教育指导形式这一块，教师提出的有效问题有哪些？

孩子在探讨这些问题时，是否能促进发展、得到提升？再如行为管理，具有前瞻性，教师是否有提前预测开展活动时将会出现的情况：桌椅的摆放、游戏时是否会拥挤等。我们不光评课时采用CLASS活动评价记录表，在设计教案时，同样会根据领域中的各项指标有意识地去设计。总之，CLASS活动评价记录表，对我们开展评课和教学活动有很大的帮助。

——吴丽玲

二、运用CLASS后对游戏观察的变化

之前的游戏观察记录表内容太多了，要记录的太多了，如幼儿的名字、年龄、性别、所在区域、观察时间都要填写。运用了CLASS的观察记录表后，内容让人一目了然、清晰易懂。整体只分为三个部分，减轻了教师记录的负担，撰写时也有了清晰的步骤，也将更考验教师是否善于观察幼儿的游戏并进行有效的指导。

——梁凤英

以前使用的观察记录表，教师总想找到幼儿的一些闪光点进行记录，而没有发现这些闪光点时就无事可记了，但为了完成任务还是要硬着头皮写。

使用CLASS后，教师会寻找机会让幼儿在教室中能参与、灵活将幼儿的兴趣和观点放到课堂中，提供各种机会，让每个幼儿都有表现的机会，特别是对于能力相对比较弱的小朋友。每个活动都能合理安排，材料准备充分，让幼儿可以方便拿到。活动的形式多样，让幼儿能在活动中不枯燥无味，活动难度也是从易到难。

——邓丽芳

通过深入地学习并运用了CLASS各维度的内容后再对比以往的一些固定格式的观察记录表和个案分析等文案会让我更有目的地发掘幼儿的闪光点，尤其在撰写注意部分时会突出重点，不会把过多不相关的情节也长篇大论地写进去，反而懂得注重抓住幼儿的"哇"时刻。在撰写识别部分时会根据CLASS的维度，并结合先前学习故事已运用过的知识点去详细分析幼儿的游戏过程、学习品质、游戏特征和年龄特征等，在游戏中除了观察幼儿之外，教师的行为是否能够促进幼儿的游戏水平也被纳入识别之中。而不像以往的观察记录那样，只是轻描淡写地单纯描述幼儿在某一个领域中的进步，而忽略其他更有探究性的东西。在撰写回应部分以往我只是会在教师情感或言语支持上这些方面去写，运用CLASS后除了会在提到的这两点上去写，还逐渐地会提供更多可操作性的材料去支持和促进幼儿的游戏，做出相应措施后会继续跟踪幼儿的游戏水平是否得到提升。

——梁敏怡

三、运用CLASS对生活活动的反思

CLASS在一日生活活动中提高了我的敏感性，如户外活动前发现孩子衣服乱放的问题，这时我没有采取说教的方式让孩子尽快叠好衣服，而是进行问题分析，结合幼儿讨论的问题"衣服很乱"，师幼共同讨论。分析完后让孩子讨论解决问题的方法，通过一系列的讨论，孩子的自理能力提高了，除了知道衣服要放在椅子上，还学了叠衣服的本领。在叠衣服的过程中，他们还会互相提醒、帮忙，另外还会动脑筋解决问题，知道存在的问题然后分析问题，并想办法去解决。

——梁燕莹

四、学习运用CLASS的其他感受

通过学习CLASS评价表，我在班级管理和常规工作方面有所提升。记得有一次，在跟孩子们开展建构活动时，就直接带孩子去到天井处，活动前，直接让孩子们自由结伴，搭建自己心目中想建构的物品。一说完，孩子们就像放了羊似的，全部跑到放材料的地方，你争我夺，也没有排好队就都去拿积木了，搭建的过程中，孩子们也是毫无目的地进行建构。在提醒孩子们收材料的时候，我就命令了孩子一句："好了，小朋友，收材料啦！"孩子们听了之后，就把所有积木推倒在地上，场面一片混乱，孩子们把积木推倒在地上时还感觉很开心。回到班上，我就分析了刚才孩子们的行为，并进行了一个反思，想起CLASS评价表"行为管理"里面细分了很多个小点，有清晰的期望、澄清规则、有效减少不良行为等。以上几点正好符合我在带班中所产生的一些问题。于是在第二次的建构活动前，我在班上先组织孩子们坐下来，让孩子们都来说一说："你们今天想建构什么呢？"孩子们都说出自己想搭的东西（有火箭、房子、天安门、停车场等）。接着，我就问他们："你们需要什么材料进行搭建呢？"思彤说："我需要很多圆柱体和基本块。"诺诺说："我需要双块来

搭一个长长的楼梯。"最后,我就小结了孩子们的回答:"好的,小朋友今天都有自己想搭建的东西,那么你们知道在搭建的过程中,我们需要做到哪几点呢?"孩子们说不知道。这个时候我就根据CLASS评价表里面的清晰的期望和澄清规则逐一给孩子们制定建构的公约。通过我的指导,孩子们在建构的活动中,没有再出现以前放羊式的情景。每次建构时我都事前提好建构的要求,给孩子们制定清晰的期望(如在建构前要自己计划今天搭什么。建构时我们需要轻拿轻放材料、活动后有序地将材料放回原位等)。活动后也跟孩子们进行小结。孩子也非常积极地参与到活动中,所以,通过CLASS我学会了很多一日生活当中所需要的知识,我也积累了更多的经验,从而不断进步。

——徐丽常

我觉得CLASS可以提高集体教学活动的质量。首先一节课的常规和教案环节设计是很重要的,CLASS里的每个指标都能在教学方面给我相对应的指导,如我设计的每一个问题,是否能促进幼儿思考?这个问题是否有效?师幼间的关系是否和谐?我应该怎么做才能让我的课堂变得更加生动有趣?CLASS量表里的指标,能够让我意识到自己教学的不足之处,然后进行修改和调整,提高教学活动质量。

——张英贤

我认为CLASS的作用可以体现在多方面,如在幼儿的一日生活中、集体活动中、师幼互动中、教师(幼儿)的成长中等。CLASS在教师的成长过程中的作用尤为明显,教师学习CLASS后,能根据幼儿的行为体现进行更专业的分析和评价,从而更有效地实施教育措施,教师自身的各项能力也提升了,变得更专业了。

——梁卫茹

我使用了CLASS之后,在日常生活中跟幼儿有了更多身体上的接近,平时的谈话中能用温和及平静的声音来聊天。在课堂上对幼儿有积极的期望,幼儿能大胆地回答及自由地参与。我能结合幼儿的想法来备课,在设计课程中,想出有效的提问,扩展幼儿的参与。

——陈泳儒

我使用了CLASS以后,在不良行为管理方面有明显的改变。例如,在课堂上对于捣乱的幼儿，我会通过摸头或者是眼神交流的方式进行提醒，而不再是从前的批评和指责，减少了课堂的消极情感，使师幼之间的关系更加融洽、和谐。

——梁培坊

我觉得CLASS不仅可以应用在集体教学活动中，还应该举一反三，将其应用在幼儿园一日生活中，这样才能发挥CLASS的最大作用。（蕴含学习机会）比如在幼儿喝水、盥洗的过渡环节，我会告诉幼儿"请男孩子先去厕所""请穿黑色鞋子的小朋友先去喝水"等，使幼儿认识男女、颜色。同时我也会引导幼儿观察厕所墙面上的洗手图片与各工具标签，在幼儿等待的时候为其提供学习的机会。

——梁凤英

CLASS让我学会了反思，我会对照一日活动中的每个环节反思是否做到这些指标，如我有没有为幼儿营造温馨的环境？我有没有很好地意识到幼儿需要帮助？像有一次一个孩子闹情绪，不愿上学，给孩子一些发泄的方式，问题很快就得到了解决。

——邱爱婷

在学习了CLASS后，我在教育教学活动中会注重各项指标的运用，这使我的集体教学活动更有效果。具体体现在：做教学设计的时候我会对照CLASS的量表，看看我的课堂中能不能运用到里面的内容，或者是哪一部分比较欠缺，我就会有意识地修改我的教案；组织活动的时候，我会非常注意我的言行举止，希望我的语言能够引导孩子收获更多的知识，特别是反馈的信息和语言示范的作用，同时我会尽量关注到每个孩子，敏感地意识到孩子的需要。所以现在的课堂效果有了大大的提升。

——李晓莹

第五章

兼容并包，博采众长：
观察方法的综合运用

三年的时间，从学习故事的实践到CLASS的探索，教师们的想法更加多样化，但同时也感受到撰写和观察的任务随之加重。教师们一方面要用学习故事进行户外游戏观察，另一方面要运用CLASS对教学活动、区域游戏进行评价。教师们对两种观察方式的应用感到力不从心、身心俱疲，用了学习故事描述记录又忘了CLASS的评价内容，难以厘清两者之间的关系和作用。

为了减轻教师业务学习的压力和重担，也为了更科学地促进教师的观察能力，我们认为要将学习故事和CLASS相结合，综合运用两者的优势，兼容并包、取长补短，发展一套适宜教师实际工作的观察支持系统。经过反复的思考与讨论，我们分析总结后发现，可以使用学习故事的语言描述幼儿的行为，然后借助CLASS的指标进行识别和回应，这样既可以生动完整地记录幼儿的学习过程，又可以运用CLASS进行科学的分析与回应，可谓一举两得。

第一节 学习故事和CLASS的对比

学习故事观察的主要对象是幼儿，它由注意、识别、回应三部分构成，在表达上形象生动、娓娓道来，使用了很多形容词和副词。它清晰、完整地描述幼儿的学习过程，主要用于总结幼儿的学习与收获，并从环境创设、材料提供、教师指导、家长配合和同伴支持等方面做出回应与支持。

CLASS的观察对象主要是教师与幼儿，通过情感支持、班级管理、教学支持三方面的指标情况进行观察评价，多使用名词、动词平铺直叙，以碎片式对话客观描述师幼互动的过程；除了识别幼儿的学习与收获外，还识别教师的指导是否有效；注重教师在情感支持、反馈质量、语言示范等方面的回应与支持（如表5–1）。

表5–1 学习故事与CLASS观察对比表

类型	观察对象	语言风格	表达结构	过程描述	总结反思	回应支持
学习故事	幼儿	形象生动，娓娓道来，使用形容词、副词较多	注意识别回应	描述幼儿的学习过程，清楚明了，完整呈现	总结幼儿的学习与收获	环境、材料、教师指导、家长配合、同伴支持
CLASS	教师幼儿	平铺直叙，句子短小，使用名词、动词较多	情感氛围、班级管理、教育支持	描述师幼互动的过程，碎片式对话、客观性	识别幼儿的学习与收获，教师的指导是否有效	情感支持、反馈质量、语言示范

通过学习故事和CLASS的对比，我们可以清楚地看到两者的不同与各自的

优势。那么，在教师们的眼中，他们更喜欢哪一种风格呢？为此，我们组织全园25名教师对学习故事和CLASS的喜爱程度进行投票。经过调查，我们分析得出结果如表5-2。

表5-2　幼儿园教师对学习故事与CLASS喜爱程度调查结果

类型	观察对象	语言风格	表达结构	过程描述	总结反思	回应支持
学习故事	12	18	10	24	18	14
CLASS	13	7	15	1	7	11

　　从上面的调查结果可以发现，教师们更倾向于使用学习故事。为什么会出现这种情况呢？因为故事对于教师们来说印象深刻，通俗化，更容易描述，不像CLASS那样需要使用专业术语；学习故事比较平实，而CLASS内容繁多且概括性更强，在理解和应用上对于教师的要求更高，教师难以把握。但是也可以看到，更多教师在关注师幼互动质量，因为只有好的师幼关系才能促使幼儿的"哇"时刻的产生；更多的教师喜欢将CLASS的结构渗透在学习故事中，使注意和识别更有参照；很多教师喜欢用CLASS对幼儿的学习进行回应与支持，因为这种支持更具体，更有操作性、更有效。总体来说，学习故事与CLASS的有效融合，一定是对两者都十分了解、灵活运用的过程。

第二节 学习故事和CLASS的使用定位

教师们在撰写学习故事的过程中,识别和回应部分不太完善,有的教师不清楚应该从哪些方面对幼儿的行为进行识别和回应,而CLASS的指标正好为教师们进行回应和现场支持提供了具体的、可借鉴的方法。于是,我们便将学习故事和CLASS相结合,综合运用各自的优点进行观察、记录(如图5-1)。

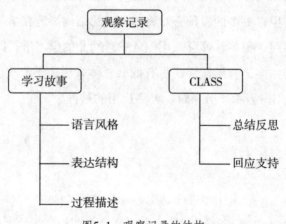

图5-1 观察记录的结构

学习故事的框架简单清晰,易于被教师掌握和理解,且它的语言较口语化,对于幼儿园教师来说更容易进行记录;CLASS专业性强,目标明确,可以为幼儿园教师提供科学的、专业的指导与回应。因此,我们使用学习故事的语言风格(形象生动、娓娓道来)、表达结构(注意、识别、回应)和过程描述(完整呈现幼儿的学习过程)这三个指标对幼儿的学习行为进行观察和记录;同时,我们运用CLASS的总结反思和回应支持指标对幼儿的收获和教师的指导进行识别,为幼儿下一步的学习和教师的指导提出可操作性的建议。

拼拼摆摆

观察对象及年龄：韵韵（4～5岁）

1. 注意

今天，我看到韵韵你拿了拼拼摆摆的材料放在桌面进行操作。你拿了三个长方形和一个三角形，把它们拼成了一座房子，然后又拿了两个半圆将它们拼在一起，合成一个圆形做花蕊，接着你在圆形的外围摆了六块小三角形做花瓣，最后你又找了一个长方形放在圆形的下边做花柄，又找出两个小圆形摆在长方形的两边做叶子。拼完后，你开始在记录表上画出自己拼好的图案，但你画的花瓣都是圆形的，而不是像你拼的那样是三角形的。

我看到后，走到你背后弯腰轻声对你说："韵韵，你要看着自己拼的图形来画，你是用什么形状拼的花瓣呀？"你小声地说："三角形。""对了，你拼的图案用了什么形状，你画出来的也要是什么形状，这样，大家才知道你到底拼了什么图案哦！"你点点头，翻过一页重新开始画。这次，我发现你画出来的和拼出来的画是一模一样的。画完后，你还按照拼出来的作品给自己的画涂上对应的颜色。

2. 识别

《3-6岁儿童学习与发展指南》中提到，"能根据自己的兴趣选择游戏""为自己的好行为或活动成果感到高兴"。活动中，韵韵你能根据自己的兴趣用不同的形状拼摆出自己喜欢的作品，说明你对图形的认知和组合能力较强；从你这次的作品和平时在美工区的作品可以看出你非常喜欢花朵和房子。在操作过程中，你能够遵守入区规则，会把材料摆放整齐，按照入区步骤进行游戏。你会在老师的提醒下正确记录，举一反三，还给作品涂上了对应的颜色。从拼摆到记录到涂色，你一直认认真真，坚持到最后，你的这种学习品质值得小伙伴们学习。

拼拼摆摆这份材料给予幼儿很大的想象力，幼儿可以根据自己的兴趣和想法拼出不一样的作品。而教师要做的就是在观察的过程中了解幼儿的需要，关注幼儿的想法，遵从幼儿的领导。在幼儿记录自己拼摆的作品时，我发现幼儿并没有按照拼摆的图形进行记录，意识到幼儿可能对这份材料的记录存在问题，于是便接近幼儿，进行了介入，暗示幼儿要按照拼摆的图形进行记录，给予幼儿有效及时的帮助和指导。

3.回应

（1）材料的提供：在韵韵进行记录时，我发现这份记录表已经快用完了，所下一步要继续提供一本厚一点的记录本，方便幼儿进行操作和记录。

（2）提供支架：可以制作一个拼摆作品小画册，供幼儿参考，促进不同能力水平幼儿的发展。

在这个观察案例中，我们可以看到学习故事和CLASS的有效结合。教师运用了学习故事的表达结构——注意、识别、回应进行描述；在注意部分，使用第二人称"你"对幼儿的游戏行为进行较完整、客观的呈现；还结合了幼儿的兴趣和《3—6岁儿童学习与发展指南》中科学、艺术等领域的特征及学习品质对幼儿的学习过程进行识别。

同时，教师能够遵从幼儿的领导，支持幼儿的自主行为，允许幼儿自己选择材料，选择玩法。这也体现了CLASS里面"关注幼儿的观点"的指标。此外，教师能够意识到幼儿在游戏中遇到的问题并走到幼儿身边适时介入，给予幼儿个别化的指导和帮助，这些都很好地体现了CLASS中的"身体上的接近""温和及平静的语言""具有敏感性""关注问题"等指标。

最后，教师能够结合CLASS的指标从材料和支架两个方面对幼儿的行为进行回应，继续为幼儿提供多种有趣及创造性的材料，保证幼儿活动的顺利进行。教师还考虑到不同幼儿的能力差异，提供有层次的画册以满足不同能力幼儿的需要，使每个幼儿都能在操作中有所收获和进步。

案例二

大班建构游戏"小鱼塘，大工程"

观察对象及年龄： 红嫣、晋一等幼儿（5岁）

一、故事背景

沙和水有一种天然的亲和力，幼儿会与之产生互动，会不停地发现和探索其中的奥秘，感受沙水带来的乐趣。

不同年龄段的幼儿对沙水也有不同的探究内容。对于大班的幼儿而言，沙和水是他们游戏的材料，他们会结合自己的生活经验，运用各种材料对沙水进行建构，并且把玩法带入各种角色游戏中，在不知不觉中进行了科学的探究。

1.鱼塘雏形——初次建设

来到沙水区，小朋友们兴奋地选择了自己所需的材料，找到小伙伴一起游戏。有的挖坑、有的玩水车、有的堆城堡……这时，我看到晋一小朋友你在材料区一直翻找材料。不一会儿，你翻出了几条塑料小鱼。你把小鱼放盆中，立马跑到朋友那里，说："你看，我们来养鱼吧。""好啊。"大伙回答道。"那我们需要建一个鱼塘才行。我见过鱼塘，我知道怎么建。我们赶紧挖个大坑。"你说道。

说完，几个小朋友快速动了起来，你们拿起了铲子，一点一点地把沙子往外铲，每个人都铲一点，一个不规则的坑渐渐铲了出来（如图5-2）。你说："鱼塘不是这样的，是圆形的。"说完，你拿起铲子在沙里画了一个圈："我们把这些都挖走吧。"

图5-2 红嫣和好朋友在挖坑

有了目标，小朋友的工作效率高了，不一会，鱼塘雏形出来了。这时你还不忘给鱼塘修边，你拿着铲子把鱼塘边的沙子压平。大家可兴奋了，听到有小朋友说："我们赶紧倒水吧。"

2. 保持水质——珍珠棉的尝试

小朋友高兴地往里面灌水，有的拿水管冲，有的拿桶倒。很快，水就灌满了整个鱼塘。"哇，不行的，这个水太脏了，小鱼会死掉的。"晋一说。"好脏的水啊。"另一个小朋友说道。原来流进鱼塘的水都变成了土黄色。这时其他小朋友停止了讨论，大家又各玩各的去了。

于是我走到了他们那边，问："怎么啦？""流进去的水太脏了。"这时一旁的红嫣小朋友说。"那拿干净的水就可以了呀。"我说。"是水流进去，然后碰到那些沙子才脏的。""那你们可不可以想想办法让水不脏呢？""隔开那些沙子呗。""怎么隔啊？""我们可以垫些东西在沙子的上面。"红嫣指了指放在临近架子上的珍珠棉。"我觉得可以，你们试试看。"

说完，红嫣走到了临近涂鸦区的架子旁，拿起剪刀，马上就在那大块的珍珠棉上剪了起来。另一小朋友看到后，赶紧走过来帮忙剪。另一边，晋一说："我们先把水排走，不然铺不了。"说完，赶紧在鱼塘边挖了一个口，排水口一挖，水哗哗地就流走了。等水流走后，小朋友又把排水口封了起来。红嫣他们把珍珠棉剪成一小块一小块的带了回来，然后往鱼塘里铺。接着小朋友们又往里倒水，只见水还是一样脏。这时珍珠棉飘在了水面上。

3. 保持水质——石头的尝试

"这是不行的。"雨恬说。"为什么不行啊？"我问。"因为海绵太轻了，会浮起来。""这个方法不行，那怎么办啊？"我问。"我们用重一点的材料就不会浮起来了。""那用什么材料好呢？""我们用石头吧，把石头铺在沙子上面。""大家觉得这个方法可行吗？"我问大家。"可以，我们试试。"晋一回答。

于是大家开始做起了石头搬运工，纷纷从旁边的石头堆里搬石头。大家把搬来的石头纷纷倒入鱼塘里，水花太大，溅了起来。

这时大家又开始讨论了。"这样是不行的，会弄脏我们的衣服。""而且看不见会铺不平的。""我们需要排水。""赶紧挖排水口。"

说完，小朋友们又重复排水的工作。不同的是，这次他们挖了两个排水口，加快了排水的速度。水很快流走了，他们又一次把排水口封好。接着一些小朋友搬石头，一些小朋友铺石头，石头铺满了鱼塘的最底层。在这个过程中，我问小朋友我需要做什么，晋一让我一起铺石头。于是我和他们一起进行改造。"可以放水啦。"红嫣说。于是晋一拿起水管往鱼塘喷水。只见鱼塘水位渐渐上升，水又变得越来越浑浊（如图5-3、图5-4）。

图5-3　红嫣在水坑摆石头　　　　　图5-4　尝试在石头坑放水

4.保持水质——塑料袋的尝试

"还是不行，水还是脏的。"晋一失望地说。"肯定会脏的，因为铺了石头后还是有缝隙，沙子还是会和水在一起。"红嫣回答道。"那怎么办？真的没有办法了吗？""我们铺块布，把沙和水隔开不就行了吗？"雨恬说。"不行的，那个布不防水，水还是会漏到沙子那里去的。"红嫣回答。"那放什么东西可以让沙和水分开呢？"我问。"我们用袋子装水不就可以了吗？""可是袋子太小了，装不了那么多水。""我们问问老师有没有大袋子。"

于是，红嫣走过来询问我有没有大袋子。接着我给他们找来了几个公共垃圾桶的大塑料袋。这下他们马上把塑料袋放入鱼塘。可是鱼塘比塑料袋大。"老师，还有没有更大的袋子？"红嫣问。我摇了摇头。"那袋子可以剪开吗？""你们想怎么做都可以啊。""我有办法啦。我把袋子剪开，然后就变得更加大，就可以盖到鱼塘里。"说完，红嫣跑去找剪刀，然后把袋子剪开。

这时鱼塘的小朋友也没闲着，他们知道有新的尝试，于是又开始了排水的工程。他们挖开了一个口，又让水流出去。这时晋一找来了一根水管，并在出水口处挖开一个坑，把水管埋在坑里。"这样就可以自动排水了。"

这时红嫣拿了剪好的袋子回来。马上铺到了鱼塘里，旁边的小朋友看到后都过来帮忙。袋子铺平后，还不忘用石头把袋子的边缘压紧。所有的工作完成后，晋一拿起水管开始往里灌水。"哇，水好清啊。"大家不由自主地发出感

叹。"这下可以养鱼啦。"

东东看到后走了过来，说："这样水都流走了，怎么养鱼。要把水管的口塞住。"说完，东东去户外涂鸦区找来了一块布，把水管的口堵住。

最后，大家把塑料小鱼倒进池塘里。大家围着池塘，看着里面的小鱼，可高兴了。

二、活动总结（识别）

人们常说："沙堆是儿童的乐园。"确实，那细小、变幻无常、可塑性强的沙子中蕴含了无限的乐趣和教育价值。心理学家认为，玩沙水不仅是游戏，更重要的是能促进幼儿的身心健康发展。

1. 发展幼儿的感知觉和动作能力

沙子和水的特性在感知上给幼儿带来奇妙的感受。在这次活动中，幼儿能感知沙和水的特性，感受到轻和重的区别，了解到浮与沉的物理现象。通过挖、推、铲、搬等动作发展了幼儿的精细动作，锻炼了各肌肉，使得四肢协调。

2. 发展幼儿的创造力

自主性沙水游戏因为没有教师的限制和固定的玩法，同时提供了各种各样丰富的材料，所以给了幼儿很大的自主活动空间让他们去发挥想象力和创造力。幼儿在发现有塑料小鱼的时候，就想养鱼，于是想出建鱼塘的游戏。他们把自己当成工程师建鱼塘，进行了建构游戏、角色游戏等。

3. 发展幼儿的科学探究能力

本次活动中，幼儿进行了两方面的科学探究，第一是探究如何保持水质清澈，为了解决这个问题进行了三次尝试。幼儿在试验过程中了解到沙和水混合变混浊的现象、水的浮沉问题、物体的材质、水的流动性等科学物理知识。第二是探究科学排水的问题。幼儿每一次的试验都会把排水效率提升，最后探究出一个完善的排水系统。具体为：

（1）第一次保持水质尝试——珍珠棉。幼儿思考水变脏的原因是什么，随后他们想到，只需要把沙和水隔开就行。用哪种材料隔断沙和水？他们提出自己想要涂鸦区架子上的珍珠棉。最终，主动地询问老师，获得材料，进行他们的试验。

第一次排水尝试。知道需要进行试验后，幼儿首先需要把水排走。于是他们合作挖出一个口，让水往外流。

（2）第二次保持水质尝试——石头。幼儿在探索中进行反思与总结，能自发地对试验成果进行分析思考，最终发现失败的原因。通过观察，发现了物体浮沉这一物理现象，珍珠棉轻，所以浮起来，沙和水还是接触了，水还是混浊。于是幼儿想到选择重的物体进行试验，把石头放进鱼塘。

第二次排水的尝试。在排水的时候，幼儿积累了之前的经验，懂得多开一个排水口，加快排水的速度，工作效率大大提高。

（3）第三次保持水质尝试——塑料袋。幼儿在面对失败的时候不再逃避，而是勇于面对，分析失败的原因。继续做隔断水与沙的尝试，当石头并不能完全阻挡沙子和水时，幼儿想到用塑料袋进行尝试并获得成功。

第三次排水尝试。幼儿用水管排水代替不断的挖和填，提高了排水的速度，表现出很强的科学探究能力。

4. 发展幼儿的交往能力

沙水游戏的乐趣离不开与同伴的交往，在玩沙游戏中幼儿与同伴交流合作，共同解决问题。《3—6岁儿童学习与发展指南》中提到："幼儿能想办法吸引同伴和自己游戏。活动时能与同伴分工合作，遇到困难能一起克服。"

本次活动中，幼儿能主动寻找好朋友结伴游戏，会分工合作并配合默契；同时，幼儿在游戏中形成了一定的规则，如提醒大家不要溅起水花弄脏衣服。

5. 提升幼儿的学习品质

幼儿在游戏中不断尝试和探究，他们认真专注、不怕困难、坚持不懈、协调合作，学习品质得到了提升。

三、活动反思（回应）

1. 教师的支持

在本次活动中，教师能够细心观察，发现幼儿遇到困难时，及时介入游戏。通过询问的方法引导幼儿对失败的原因进行探究，并且引导幼儿想办法解决，具体体现在：

（1）在幼儿发现新玩法时，教师从旁观察，支持幼儿的游戏。这时教师并没有介入游戏。

（2）在幼儿遇到困难时，教师发现了教育契机，走近幼儿，询问他们遇到的困难，顺应他们的思路引导其思考解决困难的办法，最后把建筑鱼塘这个有趣的事情进行下去。

在这个过程中，师幼来回互动，以解决问题。通过询问幼儿的游戏情况引导幼儿开动脑筋想解决问题的方法。他们清楚水和沙混合在一起就会变脏，并萌发把沙和水分开的想法。

（3）在幼儿试验失败的时候，教师引导幼儿解释他们的思考过程。抛出问题"这个方法不行，怎么办"，促进幼儿继续思考解决问题的办法。同时教师也成为游戏的参与者，听从幼儿的指挥，帮助幼儿进行改造。

（4）在最后一次试验中，教师作为一个旁观者，适时给幼儿提供了他们需要的材料。幼儿最后通过自己的探究获得成功，享受到了成功的喜悦。

2.改善

教师应该提供多种多样的材料，让幼儿充分发挥他们探究和创新的能力，还要帮助幼儿梳理和总结经验。还可以将鱼塘这一点展开，以点带面，开展更多丰富的活动，帮助幼儿丰富生活经验。

3.下一步发展可能

（1）引出问题，促进幼儿头脑风暴。鱼塘里的水是混浊的，如何让它变得清澈？

（2）绘画联想，给幼儿操作的机会。请幼儿大胆想象能使水变清澈的方法，并把自己的想法画出来。

（3）提供丰富的材料。提供细沙、粗石、细石、海绵、布料、沙网及各种装水的器具等材料，让幼儿尝试动手操作，探索水从混浊变清澈的过程。

（4）开展有关"水的净化"的科学探究活动。与幼儿做相关的科学实验，让幼儿理解水净化的原理。

（5）开展爱护水源的活动。例如，参观自来水厂、生活用水循环再用等。让幼儿知道水质变差会给生活带来不便，保护水源从我做起，从身边的小事做起。

在这个连续性的观察案例中，我们可以看到教师对于学习故事的撰写和

CLASS的运用是比较熟练的，能够将学习故事和CLASS巧妙地结合在一起，加以灵活运用，这也体现出教师具有较高的教育智慧。在注意部分，教师采用第二人称对事件进行详细、完整的描述；在识别部分，教师能够结合《3-6岁儿童学习与发展指南》中科学、社会等领域的特征对幼儿在游戏中的行为进行科学、合理的分析。

同时，教师在幼儿的游戏中运用了CLASS中情感支持和教学支持的策略，给予幼儿极大的自主性，允许幼儿自主选择材料、玩伴进行游戏；具有较高的敏感性，能够意识到幼儿在游戏中遇到的问题并适时介入；以提问的形式引导幼儿积极思考，发现问题，进行探索、验证，而不是直接告诉幼儿答案。这些体现出CLASS的"教师能够结合幼儿的想法，遵从幼儿的领导，对幼儿表现出极大的关注""来回交换"等指标。在下一步发展可能方面，教师结合CLASS的指标对幼儿进行了回应。例如，教师通过提问"如何让鱼塘里的水变清澈"，体现了CLASS框架中"为幼儿提供解决问题的机会"这一指标；鼓励幼儿将自己的想法绘画出来，是CLASS框架中"创造力的挖掘"这一指标的体现；教师为幼儿提供了多种有趣及创造性的材料，并鼓励幼儿大胆使用这些材料进行尝试、验证，寻找成功的材料保持水的清澈，这些体现了CLASS框架中"提供形式和材料的多样性""有效地促进"这一指标。整个游戏活动中，教师不仅给予了幼儿自主性，还促进了幼儿对水质清澈的认知与探索，激发了幼儿探究水质的欲望，增强了幼儿的动手能力与合作能力。

总而言之，学习故事，是对幼儿学习的另一种评价模式。它为幼儿后继的学习与发展提供了支持，创造了条件，丰富了经验，指明了方向，激发了幼儿学习的内在动力，让幼儿成为活动中的主人。CLASS班级质量管理评价法是以提高师幼互动质量为目的的评分系统。根据维度与指标，可以营造更自主宽松的情感氛围，形成更良好有序的环境，达成更加有效的师幼互动质量。

其实，两种类型的观察导向和目标是一致的，都是以儿童为中心、以促进儿童发展为目标，都是重视观察的过程，将评价作为促进儿童发展和生成课程的手段。最终，它们的落脚点仍是幼儿，为了让幼儿成为自主的幼儿，为了让幼儿园的课程成为以幼儿为中心的课程……

主题活动

我们的芒果

班级：中二班

一、活动背景

炎炎夏日，各种热带水果也不甘示弱，纷纷上市，而在我们幼儿园，芒果成了最出众、最引人注目的水果，每棵芒果树都硕果累累、力压枝头。有一天，我带着孩子们散步的时候，孩子们兴奋地说："老师，老师，我们幼儿园的芒果好大哦！""老师，我家也有芒果树，可是芒果小小的。""老师，我家的芒果是圆圆的。""我吃过小小的、扁扁的芒果。""我还吃过红红的大芒果。""老师，怎么在树上的芒果都是绿色的？"孩子提出了一大堆问题，原来他们对有关芒果的一切都是那么感兴趣。

活动一：怎么摘芒果

看到芒果越来越大，可以采摘了，仔仔说："老师，芒果好大了，我好想摘一下。""哦，那你觉得怎样才能把芒果摘下来呢？小朋友们有好办法吗？"大家听到可以摘芒果，七嘴八舌地讨论开了，有的说"我们可以爬到树上去摘"，有的说"我们可以使用工具"，有的说"我可以扔一个石头把芒果打下来"，还有的说"我可以荡秋千把芒果摇下来"。孩子们的奇思妙想让我惊呆了。

下午的采摘活动正式开始了，我带领孩子们来到活动现场，孩子们开始尝试各种办法摘芒果，由于芒果树实在太高，大家用自己想的办法都没有摘到。这时芷欣发现可以借助旁边的攀爬架，只要爬上去就可以摘到芒果。于是她开始往上爬，很快就爬到攀爬架最高的地方，伸出手拉了拉旁边的芒果树枝，把树枝上的芒果摘了下来（如图5-5）。

旁边的孩子看见了纷纷想尝试，看来大家为了能摘到芒果也是拼了，这么高的架子也敢

图5-5　芷欣爬上攀爬架摘芒果

往上爬。考虑到安全问题，我提议不如让梁老师爬树，我们在下面接芒果，那有什么办法可以接到呢？朗朗说："可以用盆子接。"嘟嘟说："可以用手接。"倩妍说："我们可以用彩虹伞来接，彩虹伞够大，可以接很多。"大家都觉得这个办法好，于是我们找来了彩虹伞，接起了芒果。通过大家的努力，我们采摘到很多芒果。在这个过程中，孩子们都能积极地想办法摘芒果，也体验了采摘芒果的乐趣。

活动二：怎么催熟芒果

我们摘了满满两大筐的芒果，但是它们的外皮都是青的，还没有熟透的，所以不能吃。那怎么办呢？梓妍说："把它放在太阳底下晒一晒，它就熟了。""是吗？那老师给你们每个人发一个芒果，你回家去想办法让芒果快点熟"。

孩子们一早来园告诉我："老师，我把芒果放在米缸里了。""老师，我妈妈说把芒果和香蕉、苹果放在一起芒果会很快熟哦。""老师，我把生的芒果和熟的芒果放在一起，这样生的芒果很快就变熟啦。" 看来大家都尝试了很多让芒果变熟的方法。

我继续问孩子："你知道芒果变成什么样子就是熟了吗？""我知道，变黄了。""有香味。""还有变软了就熟了，就可以吃了。"孩子抢着回答我。我接着说："大家都用了自己的办法去让芒果更快变熟，也知道熟了的芒果是什么样子的，我给大家一个任务，那就是每天都要去观察芒果，然后把芒果的变化用自己的方式记录下来，直到芒果变熟。"

接下来的几天里，孩子们每天回来都会跟我报告："老师，我的芒果今天有一点点变黄了哦。""老师，我的芒果有香味了。"看着孩子们兴奋的小脸，我也能感觉到这份等待的喜悦。教室里还有一些芒果，孩子们说要用报纸把它们包起来（如图5-6），然后放在角落里，看看几天之后芒果会不会变黄。

一个星期过后，教室里的芒果已经变黄了，也有很多孩子来园时告诉我："老师，已经过了5天，我的芒果可以吃了。"孩子们拿出自己的记录表，互相

图5-6 孩子用报纸包住芒果

分享着是怎样把芒果催熟的，芒果用了多长时间才变熟，他们聊得很开心。

活动三：怎么制作芒果食物

芒果熟了之后可以做什么呢？今天我们来讨论芒果可以做什么美食。有的孩子说："老师，我吃过芒果糖。"有的说："我吃过芒果布丁。""我吃过芒果干，是我妈妈去泰国旅游买回来的。""我吃过芒果西米露。""我妈妈会做芒果糯米饭。"看来孩子们知道很多芒果做成的食物。我又问孩子："那我们班上现在有这么多芒果，可以做什么食物呢？"这时候刚好严老师拿来了酸奶，骞骞说："我们可以做芒果奶昔啊。"是哦，现在的食材多好啊，说做就做，我们马上开始动手制作芒果奶昔。有的孩子切芒果，有的孩子帮忙开酸奶，大家忙得不亦乐乎，不一会儿所有的食材都准备好了，接着我们把酸奶和芒果放进搅拌机里，随着机器发动声停止，芒果奶昔做好了，孩子们也开心地品尝了好喝的芒果奶昔，大家发现，原来芒果和酸奶在一起是那么好喝的（如图5-7）。

图5-7　孩子们制作芒果奶昔

为了让孩子们认识更多的芒果制品，第二天，我请家长们帮孩子准备一些芒果制作的食物带回来让孩子们品尝。当天孩子们带了芒果干、芒果糖、芒果布丁、芒果千层蛋糕，还有芒果糯米饭，种类很多、很丰富，介绍完之后孩子们开始品尝，大家都吃得津津有味，非常开心。最后我们还进行了我最喜爱的芒果食物投票，大家都觉得最好吃的是芒果布丁。

二、活动反思与总结

1. 幼儿的学习

正是芒果成熟的季节，所以孩子们对芒果比较熟悉，也有浓厚的兴趣。在采摘芒果这一环节，孩子们能想出各种采摘的方法，尝试后发现芒果不容易摘到，最后大家团结合作共同采摘。在整个过程中，孩子们的思维想象得到发展，也体会了同伴之间的合作以及共同努力。为了催熟芒果，孩子们用了各种方法，同时记录芒果成熟的过程，乐意把自己的发现与老师和同伴分享，他们记录芒果成熟过程中每一天的变化，有助于观察能力以及记录能力的提高。在制作芒果奶昔的时候，孩子们知道了芒果可以制作不同的食物，也了解了芒果奶昔的制作过程，体验了制作芒果奶昔的乐趣。在最后品尝各种芒果美食的过程中，孩子尝试了各种不同的芒果制品。孩子们在这次活动中体验到了采摘芒果的各种方法、催熟芒果的不同过程、制作和品尝芒果美食的乐趣，他们已经对芒果有了很深的认识，还知道了芒果吃多了会上火，要喝凉茶的常识。

2. 教师的反思

芒果是孩子熟悉的水果，孩子们都尝过它的味道，却不知道芒果还有采摘、催熟、制作美食等许多值得探索的趣事。我发现孩子的兴趣点后，不断提供环境、提供材料支持孩子，有效设疑，引发他们对下一次活动的探究兴趣，最终，孩子们对芒果有了进一步的了解与体验。在探索芒果美食时，还可以引导孩子们研究已有芒果食物的成分，自制出更多的芒果食品。

文案分享

　　随着课题的一步一步深入，教师与幼儿在共同成长。通过一次一次的观察，教师敏锐地发现了幼儿的点滴变化，记录着幼儿的学习过程；透过一个一个的文案，我们惊喜地看到教师们也在不知不觉中进步，收获着累累果实。

　　在课题的进程中，教师们即时总结、记录，留下了一串串生动可见的文字，收集了教学论文、观察记录、活动案例、教育随笔等一批有质量的文案，真实地反映着成长中的所见所闻、所思所想。

附录一 思想拾贝：教师论文

基于"学习故事"的学习——谈园本教研管理

广东省中山市坦洲镇中心幼儿园 郝利君

孔子曰："学而不思则罔，思而不学则殆。"其意思为：学习而不思考，人会被知识的表象所蒙蔽；思考而不学习，则会因为疑惑而更加危险。正如幼儿园的园本教研，如果仅是学习理论知识会枯燥乏味，而仅是充满疑惑又无解决的办法也会停滞不前。有效的园本教研应是以园为本，以教学实践中的问题为源，在教师一次次思与学的交替中，以提高教师反思性的实践、促进其专业成长为目的的研究过程。

针对教师对学习故事不了解、对幼儿观察不到位的情况，我园对"学习故事"译丛，即《另一种评价：学习故事》《学习的心智倾向与早期教育环境创设：形成中的学习》《学习故事与早期教育：建构学习者的形象》三本书进行了全园教师系列的学习与思考，以此来谈谈我园园本教研管理的实践过程。

一、分析研讨的背景

《幼儿园教师专业标准（试行）》第49条在教师的专业能力方面提出："教师需在教育活动中观察幼儿，根据幼儿的表现和需要，调整活动，给予适宜的指导。"

专业的幼儿园教师应学会观察幼儿，但从教师撰写的观察记录中可以看到，教师对幼儿的观察停留于表面，无法通过观察到的情况分析幼儿行为背后的原因。为此，我园首先组织全体教师在晨会活动中分享"我是如何观察幼儿的？"通过教师的自我讲述及反思，发现大部分教师都存在只会观察不会记录的情况。那么，用什么方式来记录？怎么记录呢？通过对比各类观察方法与记录形式，我们决定通过学习新西兰儿童学习评价体系——学习故事的方式进行观察与记录。

二、建立研讨的机制

做好园本教研必须有一定的保障。一是保障研讨学习的时间，让教师可以安心地对研究内容进行深入的讨论；二是保障研讨主题的具体性，让教师提前知道研讨的内容；三是教师对问题的提前思考与整理，这样可以使集体研讨用有限的时间解决更多问题。为此，我园建立了园本教研制度。在时间上确定每周有2小时的固定学习研讨时间；在地点上确定研讨在会议室开展，现场观摩提前安排。另外，在研讨会议方面进行了有关纪律、人员分配等一系列的要求；同时，也将研讨的形式及相关的准备提前一周通过短信发给教师，并提醒教师做好相关经验、知识、阅读等方面的准备。

三、开展研讨的过程

1. 个人阅读

在刚开始读《另一种评价：学习故事》一书时，我们的理论学习内容为每周阅读一个章节，原因一是大部分教师不喜欢学习理论书籍，二是书中的新西兰语言表述习惯与中文的表述方式有差异，不好理解。阅读到《学习的心智倾向与早期教育环境创设：形成中的学习》时，每周就能阅读两个章节，或是相同内容的章节在同一时段阅读，如在介绍什么是"有助于学习的心智倾向和学习设计"时，"互惠式参与"包括"建构对话"和"作为和成为小组中的一员"两个章节，教师就可以同时阅读两个内容。

个人阅读过程中，教师可以根据自己的阅读习惯自由选择个人阅读的时间及地点，同时，也可以按个人的阅读方法画要点或摘录，形成自我阅读手记。

2. 小组阅读

每周五下午4：45—5：30，各级组教师在级组长的带领下，进行大、中、小各级组的阅读会。阅读会包括三个内容，一是小组内成员各自说说读后感，

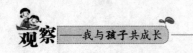

二是共同阅读重要的概念、理清章节的重点，三是准备下周一各级组的分享任务。

3. 集体分享

每周2小时的集中分享。其主要内容及分工以前一周教研组长的布置为准，通常的安排为一个级组以PPT的呈现方式将理论学习的内容进行梳理归纳并提出要点，另两个级组以案例分享的形式阐述章节中的不同要点。

例如，在分享到"学习故事是一种有助于学习的心智倾向的评价模式"时，教师将自己的学习故事拿出来与大家分享，评价幼儿在游戏过程中有没有技能与知识，有没有意图，有没有与同伴沟通并使用工具，是否是一个准备好、很愿意、有能力的学习者。

4. 集中讨论

《另一种评价：学习故事》第二章"有助于学习的心智倾向"中的一个领域为"遇到困难或不确定情境时能坚持"，其中谈到杜维克的"表现性目标"和"学习性目标"，有小组提出疑惑，两者如何区分，哪一种目标更有利于幼儿遇到困难能坚持？

围绕这个问题，参与人员进行了激烈的讨论。有的教师认为：幼儿年龄较小，表现性目标更能让幼儿坚持。例如，小班的孩子早上不想入园，教师给一些鼓励的话语、亲近的拥抱，奖励小红花就能引起幼儿的注意，调整幼儿的情绪并使其坚持入园。有的教师认为：这些都是外部的因素，只有幼儿自身去努力提升能力，努力理解和掌握新事物才能让幼儿更坚持去做好一件事情。就以小班幼儿不想入园为例，我们应去了解其不想入园的原因，激发幼儿想入园的愿望，让幼儿体验到幼儿园生活带来的安全与快乐才能真正让其坚持每天入园。最后，我们研讨的结论是：尽量引导幼儿实现学习性目标，同时可以引导实现表现性目标为过渡。

5. 注重实践

我园教师撰写学习故事多以片段情境为主，只能通过一个片段了解到当时幼儿表现出来的能力和状态，不能反映出教师支持策略的有效性。而《学习的心智倾向与早期教育环境创设：形成中的学习》第三章"互惠式参与：建构对话"中有一个莉萨的案例。教师详细记录了莉萨4～6岁三个阶段通过与教师、家长、同伴建构对话而产生的一系列转变。通过这些范例，我们让教师去撰写有连续性的学习故事，对幼儿的几次学习、游戏过程进行持续观察记录，以此寻找不同幼儿学习的轨迹。

四、取得研讨的效果

经过不断的学习与思考，在"学习故事"译丛的学习过程中，我园的园本教研有了一些收获，发生了一些变化。

1. 教研主体的变化

教师成为园本教研的发起者、参与者、主持者。在"学习故事"译丛的学习中，教师首先作为问题的发起者，反思自我的不足并努力改变这种状态，想通过园本教研提高自身的观察能力，由被动地接受教研变为主动地提出要教研；同时，教师又是参与者，在研讨过程中，教师一直在参与理论的学习、实践的思考，不断通过案例与理论的思与学成为园本教研的一分子；另外，教师还是主持者，在一定的框架内，如何在集中分享中调动大家的兴趣、引发大家思考？用什么样的形式与大家互动？这些分享人都各有不同。

2. 团队关系的变化

教师与教师、教师与园长在教研中有积极的互动关系。富兰指出："我们需要的不是个别老师的孤立的激情，我们需要的是一种包括但又超越个体的激情。它是更大规模的、更具有群体性的行为，每一个个体都自发地做出他们每一天的努力和贡献；同时又把自己看作是与其他人相互关联的个体，不只在局部，而是超出局部。"

在"学习故事"译丛的学习中，教师与教师的互动积极，改变了原有一言堂的教研形式，让每位教师都成为发言人、成为回答者。大家你一言我一语，在建构对话中默契配合，围绕同一问题贡献自己的想法，阐述自己的观点，实现"1+1>2"的园本研讨氛围。

另外，在园本教研中，园长既是参与者，也是引领者。教师与园长的互动由行政性的指令改变为探索性的学习。园长与教师在同一问题上有不同的见解，与教师一起探索理论与实践的对接，并能及时在教师遇到困惑时给予分析答疑。

3. 教师儿童观的变化

"学习故事"译丛强调以幼儿为本,用发展的眼光去看待幼儿,树立幼儿作为有能力、有自信的学习者和沟通者的形象。我园教师的儿童观与教育观也在发生变化,由原来的以教师为主体转变为关注幼儿的个体需要,尝试以幼儿为主体。

在教师的成长记录中,有的写道:"在孩子遇到困难的时候,我们不必急着帮忙引导,先让孩子自己解决或与同伴一起解决。因为在这个过程中,孩子在对困难进行评价,同时,会有学习性目标产生。"有的写道:"在日常的教育教学中,我们比较少让孩子们计划要做什么,也没有让他们思考他们要做什么。以后,我们要让孩子有更多的机会进行思考,让他们学习真正去思考他们在做的事情,而不是一味地听老师的计划和安排。"

在教师对一日活动的安排中,也可以看到教师儿童观的变化。大班教师尝试让孩子自己管理时间,她们会在晨间来园时与幼儿讨论当天上午要完成的工作任务,然后,让幼儿自己选择各项任务的先后顺序和完成任务的方式,给幼儿更多的自主。

4. 撰写观察记录的变化

通过学习与实践,教师观察内容的记录更客观详细,观察对象的分析更加准确,制定的下一步发展策略更加可行。

小班老师追踪了维维小朋友的"大蒜生长记",详细描述了大蒜种下后1~8天里维维小朋友每天观察培养大蒜的故事,分析维维小朋友在思维品质、种植知识和同伴关系方面的发展,并提出了下一步的策略:如何在维维的观察中渗入科学探究及记录的内容。

从教师的观察记录中可以看到,教师对幼儿的观察由一次变为多次,由片段观察变为连续事件观察,这样更有利于对幼儿进行客观的评价、持续的关注和有效的帮助。

通过组织教师进行"学习故事"译丛的学习,我园找到了更好的将理论与实践相结合的园本教研管理模式。我们在一次次学习与反思的过程中解决掉了一个个不断出现的问题,使园本教研基于日常、服务教学,绽放异彩!

参考文献

[1] [新] 玛格丽特·卡尔.另一种评价：学习故事 [M].周欣，周念丽，左志宏，等，译.北京：教育科学出版社，2016.

[2] [新] 玛格丽特·卡尔，温迪·李，卡罗琳·琼斯，等.学习的心智倾向与早期教育环境创设：形成中的学习 [M].周菁，译.北京：教育科学出版社，2016.

[3] [新] 玛格丽特·卡尔，温迪·李.学习故事与早期教育：建构学习者的形象 [M].周菁，译.北京：教育科学出版社，2016.

幼儿园教师如何描述观察实录

广东省中山市坦洲镇中心幼儿园　郝利君

观察实录是指观察者在进行观察时或在观察后运用文字或其他工具记录下观察对象的实际状态和活动过程。幼儿园教师的观察实录是指幼儿园教师运用工具或文字记录下幼儿在园的实际状态或事件发展的过程。本文中，幼儿园教师的观察实录主要指幼儿园教师以文字描述的方式记录幼儿在园行为发生发展的过程。

苏联著名教育家苏霍姆林斯基曾说："观察对于儿童之必不可少，正如阳光、空气、水分对于植物之必不可少一样。在这里，观察是智慧的最重要的能源。"所以说，观察是幼儿园教师必不可少的专业技能，也是幼儿园教师教育智慧的展现。幼儿园教师只有认真地观察并有效地记录好观察实录，才能让读者通过文字的描述看到幼儿行为发生的过程，并能依据这些内容科学地分析幼儿的行为，有效地确定幼儿下一步发展的方向。那如何进行观察实录的描述呢？主要有以下几点。

一、描述的内容要具体

对事件进行具体的描述，就是不仅要将人物，事件发生的时间、地点、经过等表述清晰，更需运用恰当的字、词，形象地描写出人物活动过程中的动作、语言、表情等，使读者通过文字的描述看到事件发展的丰富画面。

大班角色游戏的观察

早餐过后，你们按照商量好的角色，进到餐厅进行游戏，你是餐厅的厨师，客人来到餐厅后，你在厨房忙碌着，准备今天的食材，整理着厨房的各种餐具，服务员咨询客人的需求，告知你后你马上动手为客人制作，服务员在一旁协助你准备食材，你有模有样地为客人煮食物，并不时提醒服务员给客人加水、询问客人的需求，食物制作好后，你请服务员过来上菜，并继续做着你的工作。

这个案例只是简要地告诉大家，你做了以下一系列的事情：商量角色—成为厨师—准备食材—整理餐具—制作食物（煮、提醒服务员）—请服务员上菜—继续工作。读者通过文字只是知道你做了这些事情，而不能看到你在做这些事情时的态度与能力、你有模有样的表情、煮食物具体的动作以及提醒服务员的对话等。也就是说，这段文字描述无法再现幼儿游戏的情景，更无法让人判断幼儿的游戏能力和发展水平。

那么，该如何清晰具体地描述呢？根据教师的图像记录，我们重新整理了描述的内容：

早餐过后，燊燊和亮亮又凑到了一块儿，你们今天要去玩什么呢？只见，你俩都进入了"美味餐厅"。燊燊，你拿起了更衣间的白围裙，戴起了白色的厨师帽，来到食物区，左看看右看看；亮亮呢，也套上了可爱的小围裙，当起了服务员。

客人小妍右手拿着几张纸币，在餐厅入口边看边琢磨，亮亮看到了，连忙迎上去问道："请问要吃点什么？"小妍说："我要一份白灼虾。"亮亮对着你说："一份虾。"

这时候，你，燊燊，先在食物区里抓了一把长形的红色小积木放在碟子里，然后又将矿泉水瓶拧开盖子（里面没水）朝着锅里挤了挤"水"，水放足后，你右手的大拇指与食指并在一块儿转动了一下煤气灶的阀门，接着你将碟子里的"虾"倒进锅里，用一张纸皮盖在锅上，等待着"虾"煮熟。

等的时候，你不时提醒亮亮："你去给客人加点水吧！"你又对客人小妍说："很快就好了，再等一等吧。"不一会儿，你掀开了纸皮，开心地说："好了，好了，虾子煮熟了！"接着，你用小锅铲将一个个红色的积木又装到碟子里。"服务员，快来上菜。"你对着亮亮叫道。"来了！"亮亮快速地跑过来，两手端着"白灼虾"送给客人小妍。

从以上具体的描述中可以看到燊燊在这个游戏中扮演了厨师的角色，他把玩具红色的小积木当作虾，进行了想象的转换，在与亮亮及客人小妍的互动中有多次的语言沟通，整个游戏持续时间达30分钟。通过这些角色游戏的特征表现，我们就能判断燊燊有着较高的角色游戏水平。

二、描述的内容要客观

客观是指按事物的本来面目去反映，不掺杂个人的主观意愿，也不为他人意见所左右。观察实录的客观描述，是在自然情境中以观察者的角度去看幼儿的行为、表情、动作，去听幼儿的言语，并记录他们的外部表现，不能过多地表达教师的主观印象和想法。

一开始，你将百变插球摆放整齐，拿出了几个插棒握在手中。我在想，恒恒这么厉害，不用看图示就可以进行拼插，想必一定经常玩这份材料！没想到，你居然将一个个小球插在棒上，然后走了！我有点不解地看着你，心想：这孩子到底想做什么呢？你看到身边的铭铭，问道："你要不要买棒棒糖啊？"被你突然问到的铭铭，还一脸困惑的样子，看来铭铭也没有第一时间反应过来。

琪琪看到你正在出售棒棒糖，凑近你身边问："你有什么味道的棒棒糖啊？"可能一下问了你没有准备的问题，你停了一下马上说："这是草莓味的，你想要哪个？"听了你的介绍，琪琪就选择了草莓味的棒棒糖。

以上案例中，当恒恒将"百变球摆放整齐并拿出几根拼插棒握在手中"后，教师就在想："怎么这么厉害，不用看图示就可以进行拼插，想必经常玩、熟悉材料。"但后来观察到恒恒的行为却是："将一个个小球插在棒上。"可以看到，教师的主观猜想并没有成为现实，幼儿要拼插的内容并不是教师心中所想的复杂的建构。同样，当琪琪问"你有什么味道的棒棒糖"时，教师描述到："可能一下问了你没有准备的问题，你停了一下后，马上说……"其实教师只是在猜测恒恒"停了一下"的原因，这并非恒恒的真实状况。

所以说，教师不能用自己的猜想来描述或推断幼儿的行为，而应客观地描述幼儿当时的动作。在描述幼儿拼插棒棒糖时可直接叙述恒恒的动作，"一开始，你将百变插球一个接一个整齐地摆放在桌面上，然后拿出几根拼插棒握在手中，再将一个个小球插在棒上"；在写到琪琪问棒棒糖都有什么味道时，可用文字描述恒恒的面部表情或动作，如"侧着头，愣了一下，眼珠子翻了翻"等。

客观的描述不仅可以从文字中看到幼儿真实的外部表现，还能通过这些外部表现来分析幼儿的心理动态、了解其发展状况，为幼儿下一步的发展提供有效的依据。

三、描述内容要有重点

一份好的观察实录一定要有描述的重点，要在描述的内容中体现幼儿发展的价值，不然，则无法根据实录做出有效的分析。

案例三

观察实录主题：创意无限、快乐建构

观察对象：浩浩、欣欣、梓莹、腾腾、雯雯

观察对象年龄：4岁（中班下学期）

室内进区活动开始了，几个孩子兴高采烈地来到活动场地。谈话中，我提问："今天你们想搭建的主题是什么？"其中一名女孩说："我想建城堡。"而另一名男孩说："我想建旺旺队。"我问道："现在大家有不同意见，怎么办？"这时，李翼腾小朋友说："那就建旺旺队城堡吧！"

通过大家的讨论、商量分工后，很快他们就动起手来了。一会儿工夫，只见城堡的围墙已搭建好了……再过一会儿，旺旺队车辆也已搭建好了。只见他们每个人都在不停地搭建自己创设的城堡、车队。当腾腾搭建好一座城楼后，高兴地对我说："老师，你看我搭建的城堡高吗？好看吗？"每当看到孩子们这么高兴、快乐的样子时，我都会说："真好看，你真棒！"

从教师观察实录主题"创意无限、快乐建构"可以看出，教师主要是想描述几名幼儿如何创意地建构"旺旺队城堡"。那么，这个案例的描述重点应该

是什么呢？一定是这几名幼儿通过沟通与合作一步一步建构"旺旺队城堡"的过程。

但是，教师在实录中只是描述道"通过大家的讨论、商量分工后"，"一会儿工夫，只见城堡的围墙已搭建好了"，幼儿究竟是如何讨论、如何分工、如何一个积木一个积木地建围墙？教师没有描述这些重点，我们就无法通过描述的实录来分析幼儿在建构活动中的语言沟通能力、社会交往能力以及建构能力，也无法看到幼儿各方面发展的价值。

综上所述，幼儿园教师在进行观察实录的描述时，一定要清晰具体、客观而有重点。另外，对幼儿的观察是一个持续的过程，他们每天都在变化，只有我们幼儿园教师将每名幼儿都装在心里、看在眼里，才能捕捉观察到他们的学习、发展过程，才能分辨他们的行为，才能引导他们用自己的方式茁壮成长！

📁 参考文献

［美］Dorothy H.Cohen，Virginia Stern.幼儿行为的观察与记录［M］.马燕，马希武，译.北京:中国轻工业出版社，2013.

浅析幼儿自主游戏的观察策略

广东省中山市坦洲镇中心幼儿园　张英贤

一、自主游戏的定义与价值

自主游戏即幼儿在一定的游戏环境中根据自己的兴趣和需要，以快乐和满足为目的，自由选择、自主开展、自发交流的积极主动的活动过程，这一过程也是幼儿兴趣需要得到满足，天性自由表现，积极性、主动性、创造性充分发挥和人格建构的过程。它具有以下特征：一种内在动机性行为，一种自由选择的活动，摆脱了用手段与目的形式来考虑问题的束缚。

那么，自主性游戏对幼儿本身的需求和发展又存怎样的作用和价值呢？首先，自主性游戏具有主体性价值。明代教育家王守仁提出："大抵童子之情，乐嬉游而惮拘检。"他把"乐嬉游"看作儿童的自然性情。美国教育家杜威也曾指出："游戏性是一种精神态度，游戏是这种态度的外部表现。""对于儿童而言，游戏仅仅是好玩，儿童本能地需要它，天然地从中得到无穷的愉悦和满足。"进行自主性游戏的幼儿，在自由地、重复地变换动作姿势中使自身基本动作更加协调和灵敏；在自身对环境的影响、控制和探究中得到了对周围事物的认知；在自主地模仿自己喜欢的人和事物、模拟成人社会里的人际关系中获得了社会交往、自我实现、相互认可的尝试和理解。以上种种游戏活动使幼儿获得了身体、认知、社会等不同方面的发展，这就是自主性游戏的发展性价值。自主游戏是符合幼儿身心发展特点的认知活动和幼儿社会化的重要途径，因此，在幼儿园开展自主游戏具有重要价值和意义。

二、教师在观察幼儿自主游戏时存在的问题

审视目前教师的观察现状，因为带着不同的理念和想法，教师对待观察也

呈现出了不同现象，具体有以下方面。

1. 观察前无明确目标

幼儿的自主游戏有着很多不确定因素，尤其是幼儿的游戏行为很多时候是我们无法预知的。因此，教师在游戏中的观察要做到心中有目标，要清楚今天要观察的是哪方面的发展，如幼儿的交往能力、语言表达能力、游戏热点的产生等。一旦目标确立后，在观察中的选点也是非常重要的，不要贪图面面俱到，对一个点的观察如果没有持续 10 分钟以上，就很难从幼儿的行为解读出背后的意义，因此每次的观察选点要小，观察要细致，从而达到见微知著的效果。

2. 观察时易主观、片面

观察是教师了解幼儿的有效途径，是指导游戏的前提，是正确评价的保证，也是制订下次游戏的依据。因此，我们的观察必须做到客观、全面，不掺杂个人的主观因素，能够如实反映幼儿的一言一行，为后期的分析评价提供真实的资料。例如，某教师对娃娃家进行了观察，看见幼儿将许多东西都扔到一个大箱子里，该教师就记录为："幼儿将所有的东西扔到了纸箱子里。"但假如这位教师再进一步观察的话，会发现这个纸箱的两边是有图案的，还画了几条粗粗的线条，仔细倾听幼儿的对话，会发现他们将这个箱子当成冰箱来使用。鉴于中班上学期幼儿的能力有限，他们并不能将冰箱做得非常逼真，但在他们的游戏中，这已经成为他们公认的冰箱。

3. 观察中易干预幼儿行为

作为一名幼儿教师，我们往往有一种使命感，要把最好的给予幼儿。当看到幼儿某一种行为不合时宜时，教师往往会言比脑先行，导致幼儿的游戏被打断，原本沉浸在游戏快乐中的幼儿不得不把他们的天地拱手相让。因此，我们在观察幼儿的游戏行为时，除了安全问题或者幼儿求助外，我们尽量不要干预幼儿的行为。

（1）小班：旁观+参与。小班幼儿语言表达能力较弱，有时很难从他们的行为了解他们的想法，这时在不中断他们游戏的前提下，教师可以适时参与他们的游戏，当然这种参与要获得他们同意或者本身被其邀请参与。

（2）中、大班：旁观为主。中、大班幼儿语言表达水平已达到一定的高度，再加上他们的游戏水平相对较高，教师可以采取旁观为主的观察方式。

4. 未能选取适宜的观察与记录的形式

由于当前教师工作任务繁杂和班额大的现实情况，当前大多数教师是在未提前制订观察目标和计划的情况下直接进入游戏现场进行观察，也有一部分的观察是提前制订计划的游戏观察行为，将这两种观察形式配合使用确实比较符合教师观察现实条件，然而从对教师观察记录的调查得知，教师当前的自主游戏观察记录内容与其学期观察计划完全吻合，而未对目标外观察中获取的有意义事件进行书面的记录和保存。也就是说，教师在没有观察计划的情况下进行的自主游戏观察行为都只是现场看一看，或者通过设备拍一拍和录一录，并未对此进行专门的个人反思。

三、教师观察幼儿自主游戏的策略

1. 制订明确的观察目的

幼儿进行自主游戏时，兴趣是一个最原始的动力。幼儿所处的年龄阶段决定了他们对感兴趣的事物和事情有着强烈的欲望。因此，幼儿教师在对自主游戏进行观察前，首先需要弄明白的就是幼儿开展此类游戏的目的是什么，兴趣点在什么地方。教师可以从幼儿最近比较感兴趣东西和事物着手，这样能够帮助教师发现和理解幼儿开展游戏的目的和动机，能为接下来的教学提供指导。

2. 观察记录应客观、全面

首先，观察记录应具有客观性，要求幼儿教师在观察记录过程中，实事求是地记录自己所观察到的幼儿行为表现，不受自己主观意识的影响，不受幼儿外貌、家境、穿着等的影响。其次，观察记录法应当从幼儿的视角出发，并且结合教学和生活实际分析幼儿行为背后的深层次原因。观察记录应重视的是幼儿的行为过程，而不单单是结果。幼儿教师应当记录幼儿行为发生的前因后果，进而对其因果联系进行客观分析判断，最终得出结论，用以指导该幼儿的发展提升。

3. 适时介入幼儿游戏

教师应在游戏中扮演着一个合作者、引导者、帮助者的角色。在幼儿需要帮助时，我们可以教给幼儿一些切实可行的方法。例如，在一次观摩活动中，教师观察着每个活动区游戏的情况，当观察到娃娃家时，教师发现娃娃家里的两名幼儿没有进入游戏状态，虽然有了各自的角色，一名当爸爸，一名当妈妈，但却没有玩起来。于是，教师按响了门铃，"叮咚"。"请进！"教师拿了毛巾、脸盆进去说："这是宝宝的洗脸水。""爸爸""妈妈"一看马上来了兴致，说："看宝宝的脸脏了，爸爸帮宝宝洗脸。""妈妈"拿毛巾，洗完脸后给宝宝扎辫子、换衣服……他们兴奋地玩了起来。后来又进来两名幼儿，他们商量着角色，给宝宝做饭，带宝宝去玩、去超市买东西，这个娃娃家"活"了起来，幼儿玩的内容更丰富了，这就是教师适时介入的作用。

4. 选取适宜的观察方式

当教师明确观察点之后，应当根据观察点的需要选取适宜的观察方式。对自主游戏的观察行为是为了从中获取最真实准确的幼儿发展信息，而从搜集一手信息的角度来考量基本可以分为定性观察和定量观察两种形式。其中定性观察强调的是通过非结构性的方式搜集信息，通过文字图片等非数字性的方式呈现信息。而定量分析强调在信息的记录、呈现和分析中都以可量化的东西作为基础。两种不同的观察形式各有其优劣，因此教师可根据自身观察计划的需要选择适宜的方式。例如，对幼儿一次自主游戏活动中到底去了多少个区域，转换了多少个主题的观察，对某一区角一天内接纳了多少名幼儿的观察就需要运用定量观察的方式进行，而对于幼儿在游戏活动中的自主性的观察就需要借助定性观察的方式展开。

另外，根据不同的标准又可将教师在自主游戏中的观察行为分为参与式观察和非参与式观察，直接观察和间接观察。在自主游戏现场，教师不仅会以教师的身份进行观察，还会以游戏参与者的身份边游戏边观察。

从游戏观察可利用媒介的角度来看，可分为笔、相机、摄像机、表格与图画，当教师计划对幼儿行动踪迹或行为表现等进行统计时，可选取图画或图表的形式，而教师计划获取详尽的幼儿游戏表现及其背景信息时，则可选取录像、拍照或笔录的形式。总之，教师选取何种观察方式取决于其确立的观察点，根据个人观察的需要进行灵活选择。

综上所述，游戏对幼儿来说具有不可抗拒的吸引力，也是幼儿认识世界、学习知识的一个有效途径。幼儿园户外自主游戏，能够让幼儿在一个自由的空间里去自由地想象，为幼儿提供了一个自由想象和自由发挥的时空。幼儿教师要站在幼儿的角度，去观察和分析幼儿的游戏行为，这样才能更好地理解幼儿的行为。教师在观察的过程中要做到客观和公正，同时还需要具备一定的敏锐性，能够找到幼儿开展游戏的目的，从幼儿在游戏中的表现及时发现幼儿在发展过程中已有的经验和存在的不足，从而为接下来的幼儿教学提供指导。

参考文献

［1］黄进.游戏者无为［J］.幼儿教育，2009（4）.

［2］尤晓琳.站在儿童的视角看儿童游戏——论幼儿园户外自主游戏的有效观察［J］.好家长，2017（41）.

［3］杨翠平.幼儿自主游戏中教师的作用［J］.山西教育，2017（5）.

［4］王文雅.幼儿园自主游戏中教师观察行为现状的研究［D］.福州：福建师范大学，2016.

［5］洪雅.自主游戏中幼儿行为的观察和解读［J］.福建教育，2017（25）.

［6］朱宝.自主游戏中教师的观察记录存在的问题与对策［J］.学园，2017（4）.

学习故事与专业成长

广东省中山市坦洲镇中心幼儿园　邱爱婷

学习故事是由新西兰学前教育学者卡尔提出的。学习故事既是一种评价幼儿的方法，也是一种研究方法。它是在实际情境中完成的结构性观察和记录，能提供一种反映儿童发展的持续性画面，能用来记录和交流儿童学习的复杂性。同时，记录学习故事也是一种促进教师专业成长的有效途径。学习故事是一种叙事形式过程性学习评价，是聚焦发现幼儿主动学习，看懂幼儿此刻兴趣，理解幼儿工作理论，推断幼儿真实想法的一系列"注意—识别—回应"的循环反应链。而且学习故事更关注情境性信息，体现人物间的关系，可以通过对幼儿学习兴趣、学习策略、学习品质、学习效果的记叙反映学习的复杂性。

一、了解学习故事，重塑对儿童行为的认识

还没有接触学习故事之前，我对于学习故事的理解是很片面性的，认为学习故事就是把孩子的学习过程记录下来，然后评价孩子哪些方面行，哪些方面不行。但是详细的学习让我明白，学习故事是一个详细的评价系统，更多关注幼儿能做的、会做的事情，关注幼儿作为自信的学习者是如何主动学习的，关注幼儿在学习过程中表现出什么样的学习品质。同时，学习故事也是鼓励家园沟通、师幼沟通、亲子沟通的平台。学习故事一般摆在幼儿触手可及的地方，幼儿随时可以翻阅，与他人分享。教师提醒家长去关注孩子新的学习故事，家长可以把学习故事带回家读给孩子听，添加在家的学习故事，为亲子沟通、家园沟通添加丰富的话题。同时，学习故事既是对幼儿学习的记录、评价和支持，也是教师的教学计划、环境准备方案、个别化教育的共同载体。

（一）注意部分

以下是注意部分通过观察孩子的建构活动记录的孩子的游戏过程。

案例

今天还未开始游戏前，谦谦就跟我说："老师，我今天要去建构区玩。""好啊，你想做什么呢？"谦谦说："我要做一个飞机场，很大很大的飞机场。"原来，你已经想好要做什么了，来到活动场地之后，你按照你的计划开始了你的飞机场建构活动。你先是找来了很多的木块，然后把木块一块一块地围起来，接着搬来了两块长木板，然后找来两个圆柱形的积木立起来，然后把长木板架在上面，接着找来了一块三角形的积木放在上面，你告诉我："这是一架准备起飞的飞机。"接着你一直在很投入地工作，按照你自己的想法不断地找来很多的材料，然后把这些材料都建构起来。完成之后你指着围起来的围墙说："这是门，这是一个小门，还有一个大门，这个小门是让人走的，那个大门是让飞机走的。这里是候机室，就是坐着等飞机的地方。啊，我还少了一个跑道，我要去做跑道了。"说完又开始去搬材料了。搬了一堆材料之后，你开始把这些木板拼接起来，在离飞机远点的地方，你又拼了一些轨道出来，然后你告诉我："老师，我的轨道拼好了，飞机可以在这里起飞了。"看着你开心的笑脸，真切地感受到你的自豪感，我不禁对你竖起大拇指。

（二）识别部分

这是识别部分，通过分析孩子在活动中的表现，结合《3-6岁儿童学习与发展指南》（以下简称《指南》）当中的学习品质，也就是心智倾向分析孩子的行为。

谦谦在这次活动中能有自己的计划，并且按照自己的计划去建构，说明孩子的自主意识以及自我规划的意识开始呈现，他会计划自己去做什么，会思考自己要执行的计划，目标也变得越来越明确。在建构过程中，他的社会经验也是很丰富的。他知道候机室，知道跑道，知道哪个门是人走的、哪个门是飞机走的，这说明他有坐飞机的社会经验，并且会把这个经验迁移到游戏活动中。另外，在整个过程中，谦谦是很投入的，专注力和注意力都是十分集中的。

（三）回应部分

这是回应部分，通过教师的指导策略促进幼儿下一步的发展。

通过平时有计划的训练，每一次的建构游戏都会让孩子提前制定计划，然后按照自己的计划去进行游戏，所以现在孩子们都有自己的目标，知道按照自己的目标去建构作品，这些都是孩子的进步，尤其在谦谦身上体现得特别明显。下一步发展可能：①继续坚持每次的建构活动前都让孩子们进行设计，自己画设计图。②及时向家长反馈孩子在这次游戏中的表现，鼓励家长继续发展幼儿社会经验，可以跟孩子一起谈论飞机场里的事情，让孩子了解更多有关飞机场的知识。

二、撰写学习故事，转变对专业能力的认识

"支持教师专业成长"早就不是什么新鲜话题。然而，教师的成长之路却总是荆棘丛生。学习故事恰恰为我们搭建了一个专业成长的可靠平台，不仅使我们的成长不断加速，而且使我们的工作充满乐趣。

（一）专业理念的变化

学习故事的重要特征是从幼儿的积极行为切入，也就是相信幼儿是天生的学习者，能够主动学习。这样教师就必然要用自己的眼睛发现幼儿的自然智慧与能力。此后，教师只为幼儿创造进一步学习的可能，接下来做什么仍由幼儿自主选择。真正做到体现"以幼儿为本"的教育理念，这些做法不仅可以使教师的儿童观发生根本的转变，而且教师很容易将这种转变落实到他们的行动中。

（二）专业知识的变化

通过撰写学习故事促进对儿童发展理论及《纲要》《指南》的学习和理解。由于学习故事需要教师认真观察、记录幼儿的表现，并加以分析和解读，还要想出下一步的支持策略。因此，撰写学习故事不仅可以提高教师的观察、分析、决策能力，还能促进教师有针对性地学习儿童发展理论并联系实际进行思考。我们开展学习故事活动可以在实践中不断学习、理解《纲要》和《指南》。就幼儿的学而言，我们自然会将关注点从教师主导的学转向幼儿自发的学；从特定活动中的学转向日常生活和游戏中的、寻常时刻的、富有个性的学。

（三）专业能力的变化

体验职业的乐趣。在幼儿园里工作时间长了都出现了不同程度的职业倦

怠，其实这种倦怠产生的重要原因是与幼儿交往时没有遵从师幼之间人际互动的客观规律。幼儿是一个独立的、有思想的人，这是客观存在的事实。但传统儿童观忽视这一点，在此影响下的师幼互动往往会出现以下情况：当幼儿明明想往东时，我们偏要拉着他往西，绞尽脑汁、使出浑身解数，还不一定能成功，于是对幼儿心存失望甚至不满，与幼儿乃至家长的关系日趋紧张，集体活动也漏洞百出。在幼儿感到百般无奈的同时，我们也一次次品尝着失败的苦果、身心俱疲……学习故事活动的开展避免了此类师幼互动的尴尬。"顺应幼儿天性"的指导思想使师幼关系一下子融洽起来，让我们在工作中也会感受到未曾有过的轻松和愉悦。可以说，学习故事在解放儿童的同时也解放了我们自己。

最后，通过撰写学习故事我们真正做到相信儿童，真正做到推动幼儿的学习，真正以幼儿为本，通过发现孩子的优点，以优促优，这正如周菁博士在《学习故事与早期教育：构建学习者的形象》一书中所言："判断一篇有关儿童学习的故事是否是学习故事的最主要因素不是它的形式或其他元素，而是这个故事是否能体现引领着学习故事的儿童观、课程观、学习和发展观等。"

参考文献

［1］［新］玛格丽特·卡尔.另一种评价：学习故事［M］.周欣，周念丽，左志宏，等，译.北京：教育科学出版社，2016.

［2］中华人民共和国教育部.3～6岁儿童学习与发展指南［M］.北京：首都师范大学出版社，2012.

借助学习故事提高教师观察与评价幼儿的能力

广东省中山市坦洲镇中心幼儿园　谢雄英

观察记录是读懂儿童的第一步，它能帮助教师准确评估幼儿的发展，也是幼儿园教师日常要撰写的文案之一。但是日常的观察记录往往是教师主观地、有意识地回顾幼儿片段性的学习或生活的过程，内容零散、无具体目的，也缺乏真实性。新西兰的学习故事的运用，让我们看到了教师对幼儿观察的另一种视角。它所关注的是幼儿能做什么，而不是他们不能做什么，这样能够清楚地展现幼儿的长处和兴趣。和一线教师日常撰写的教育随笔、观察记录有所不同，它的结构简洁明了、清晰易懂，对一线教师来说更容易理解和运用。那么如何借助学习故事提高教师的观察与评价能力呢？

一、认识自我，了解现状，找准核心

为进一步促进教师专业能力的发展，最重要的是提高教师对幼儿的观察与评价能力。提高的前提便是认识自我、了解现状。首先，对教师观察能力进行调查和分析，主要针对确定观察目标的能力、运用观察方法的能力、筛选有价值信息的能力、观察记录的能力、分析观察结果的能力等方面进行调查。以此可以了解，教师个人在观察及评价中的能力水平和相对薄弱的部分。问卷调查显示，大多数教师的随意性观察居多，观察多数只聚焦在某几位孩子身上，记录时常常会掺杂主观想法，会把主观推测和客观事实相混淆，用以分析评价的理论知识很单薄等。了解了教师观察的薄弱点，便有了学习和培训的相应对策。

二、深入学习，尝试模仿，梳理经验

（一）理论的学习

学习故事的提出让幼儿园教师在观察与评价的道路上又有了一个新的方向。针对学习故事的概念，我园组织全体教师进行了理论知识的学习，重点学习了它的三个核心部分：

（1）客观详尽地描述儿童的实际行为及情景（注意）。

（2）分析该情境中幼儿"什么样的学习可能在发生"（识别）。

（3）教师计划"如何支持幼儿在这方面的学习"（回应）。

虽说学习故事只有简单的三个部分，但是每个部分都有着独一无二的价值。其中第一部分是关键，第二部分是核心，衔接现象与本质，直接影响回应的质量，它对教师的观察能力和专业理论知识提出了较高要求。

1. 学习"注意"的描述——语言准确、客观翔实是关键

学习故事的第一部分——注意是重中之重。因为该部分的描述直接影响了后部分的识别与回应。注意主要是客观详尽地描述儿童的实际行为及情景。

首先，我们选取了幼儿自主游戏中一组幼儿游戏时的几张相片，让教师对其进行客观描述，而最终由于大家的个人撰写习惯，部分教师在一开始便加上了一长段的天气、人物心情等背景性的描述，不能很好地突出学习故事注意部分的重点，个人感情色彩太重。多位教师使用了"我觉得、我想、他可能要、他一定是"等主观性词汇。其次，集体学习故事案例《我想吃梨核儿》，鼓励教师按个人的理解概括注意部分的突出特点。例如，"以第三人称进行描述""重点描述了情景、儿童的语言和肢体动作，善于发现孩子的'哇'时刻"等。再次，收集几篇比较典型的故事案例进行学习和研讨，主要针对教师常常出现的"人称不统一""重点不突出""描述不客观、不详尽"等问题。让每位教师参与其中，对照身边真实的活动案例进行研讨；让每位教师都成为反思者，发现案例中的不足。

如果说学习与研讨为教师的观察打开了一扇窗，那么展开故事记录和理性分析则使教师为走向专业成长迈开了步。

2. 学会识别——寻找理论支撑是硬道理

教师能把握好注意部分记录的客观翔实描述后，对于幼儿游戏或行为特征的正确识别显得更加专业化。这部分能很好地体现教师的专业性和理论知识的储备。在这个部分中，我们尝试在专业书籍中寻找答案，如《指南》《儿童游戏通论》《幼儿行为的观察与记录》《学前儿童发展心理学》等。在专业理论书中，我们形成了一个识别框架。其中，包含领域特征、游戏特征、幼儿心理发展特点、学习品质等方面的识别。有了框架后，教师分析时就有据可循，分析与判断的能力也日渐提升。因此，专业性书籍的学习为教师的观察与评价提供了一个自我成长平台。

3. 正确回应——是支持和引导幼儿进步与发展的核心

教师的有效回应能促进幼儿经验的发展，即在原有经验的基础上获得新经验。其中的经验不仅是幼儿的活动经验，还包含教师对活动预设的经验，如环境的营造、材料的提供、师幼的互动与支持等。另外，还要找到幼儿在活动中的兴趣、长处、短处，追随兴趣，扬长补短。教师的支持可以是环境的创设，也可以是材料的提供……它足以证明是为幼儿提供进一步发展的机会和可能性。

（二）达成共同的学习价值观

学习故事是一个发现力量的窗口，我们通过它可以感受到幼儿在活动中成长的力量。但是，发现的人不应该仅仅是幼儿园教师，更应该有孩子自己、有家人、有社会群体等，让大家都有一个共同的学习成长观。

首先，教师之间要对活动中幼儿的学习兴趣、是否在参与、在困境中坚持、大胆表达观点、勇于承担责任等方面进行讨论，达成共识，有共同的判断依据。其次，要让幼儿了解什么样的学习是有价值的，并且要寻求幼儿对自身学习的看法。最后，要把家庭纳入学习与评价的行列。让幼儿本身、教师、家庭或社会群体都成为推动幼儿成长、进步的一员。

三、名师引领，同伴互助，共同成长

学习故事的学习与运用，是在教师的摸索中逐步成长起来的。当然，更离不开名师的专业引领。近年来，我园多次组织参加有关观察与评价的学习活动，如《幼儿园自主性游戏的支持策略》《游戏中的儿童行为观察与教师支持》《幼儿园教师文案撰写》等，通过走出去、请进来的方式，邀请各级名师专家为教师提供学习培训的机会，让观察与评价做得更加专业化。

子曰："三人行，必有我师焉。"的确，教师的成长与朝夕相处的同事是分不开的。我园在开展集体性教研活动中，最大限度地发挥教师的自主性和参与性，由被动学习转变为主动学习，让每一位教师都成为组织者、引领者。这是一种脚踏实地的学习，更是最佳资源的利用。教师使用学习故事进行活动案例的记录后，专业素养和教育观念都有了很大的提高和转变，特别是在集体性学习和教育实践中，她们以儿童为本，从儿童视角观察和认识儿童，使得真诚、关爱、欣赏、宽容的优良园风印在每个人的心间，践行在每个人的行动中。

意大利教育家蒙台梭利曾说过："唯有通过观察和分析，才能真正了解孩子的内在需要和个别差异，以决定如何协调环境，并采取应有的态度来配合幼儿成长的需要。"学习故事是促进教师观察与评价能力的一种方式，它不仅是一种评价方法，更是一种理念的体现。让我们多一分观察，少一分干预，让幼儿成长为他应有的样子，让每一个成长中的人都成为学习故事中的主角。

参考文献

［1］［新］玛格丽特·卡尔.另一种评价：学习故事［M］.周欣，周念丽，左志宏，等，译.北京：教育科学出版社，2016.

［2］候素雯，林建华.幼儿行为观察与指导这样做［M］.上海：华东师范大学出版社，2017.

附录二　看见孩子：教师观察记录

纸杯——我们的世界

广东省中山市坦洲镇中心幼儿园　陈泳儒

　　我们幼儿园孩子经常喝酸奶，每次孩子们喝完都会把酸奶杯子清洗干净。在第一次清洗杯子的时候，有个别孩子问："老师，我们洗干净要来干什么的呢？""用来做叠杯子游戏啊……"几天后，我们收集了一大箱的杯子。开始的时候，孩子在完全不知道怎么拼搭的情况下，只会将杯子一个一个地摆在地面上。这时，我发现他们对杯子的认知太少了，于是我收集了一些网上拼搭的图片和视频作为参考，时而在旁边引导。几次后，发现他们的想法越来越丰富了，而且给了我不一样的惊喜。

【观察一】

纸杯的快乐

　　今天上午晨练下雨，我们班孩子在班上玩纸杯叠叠乐游戏。大家陆陆续续地领取自己所需要的纸杯，一开始彦希和睿航两人商讨要叠什么的时候，都毫无头绪。但是他们在商讨之后，确定围着叠高高，要叠得很高，每一层他们都小心翼翼地叠着，慢慢地叠得越来越高的时候，又有几个孩子走了过来，一起加入了他们的叠纸杯游戏。他们两个并没有因为其他孩子的加入而受干扰，而是更专注地一层一层往上叠。他们四五个人一起把纸杯慢慢地叠起，他们边讨论边往上叠，全神贯注地围着圈圈在地面上一圈一圈地越叠越高，他们越来越兴奋，叠到看不到对方的时候，还手拉手地围起来，一起欣赏自己的作品，时而蹲下看看，时而站起来讨论。不知道为什么，突然纸杯从上往下倒下来，他们相互责怪对方，说："是谁搞倒了？""是谁搞倒了？""怎么办？我们又要再叠一次咯。"大家坐在倒下的纸杯旁，看着、说着、收拾着……

【观察二】

城堡迷宫

纸杯，已经成为孩子们十分喜欢玩的一项游戏材料。班上的这箱纸杯已经成为孩子的一个快乐游戏，班上的孩子会把它当成一份益智、建构、搭建的材料来搭拼。今天宸宸和俊宇来到纸杯前选取了一堆杯子，他们两个坐在地面上，合作并商量如何搭拼一个迷宫城堡，两个人先商量好迷宫的线路，宸宸搭建城堡，俊宇搭建迷宫线路。宸宸一个一个地从大到小地搭起了城堡，越叠越高，俊宇在地面上设计好路线，按着路线一个一个摆起来，直的、弯的线路，也有障碍的设计，两个人低着头，边商讨边搭拼着。搭建的过程中，意宸看见了他们两个人搭建得特别有趣，说："我可以加入你们吗？"俊宇说："好啊，快点过来。""我们要拼一个迷宫城堡，你过来帮我设计路线吧。"意宸说："知道了。"三个人一起搭拼着他们的迷宫城堡。在搭建的过程中，会讨论哪里是出口和入口。迷宫完成的时候，他们三人站起来，看了一下自己的作品。接着俊宇说："要加点障碍物，走的时候不小心会掉下来的。"意宸说："好的，我们开始吧！"你看，在每个小弯的地方上都放了一个纸杯，他们说这就是障碍物。完成后，他们还试着自己走一遍迷宫。

【观察三】

圣诞树迷宫

入区活动又开始。女孩子也选取了纸杯来拼搭，琳琳、暄暄、湾湾三人一起拼搭。她们三人选取了走廊的位置，拼搭的过程中，她们商讨着要拼出一个圣诞树迷宫。她们首先从树的最下面开始摆两竖作为树干，接着再拼出一层一层圣诞树的形状，偶尔听到琳琳说："我们要摆出来，突出来的当作树叶。"湾湾说："在最后面我们要摆高一点，可以跳起来的。""好吧，我们快点。"快到树顶的时候，她们一层一层地往上叠起来。暄暄说："我们完成了，耶……"接着她们一个一个地排队，一个一个地尝试走到最前面跳起来，连续玩了几次，特别开心……

【反思与总结】

1. 孩子的学习过程

（1）这几位孩子的商讨、合作是值得大家学习的，孩子们认真地把他们想要的城堡拼出来，真的很认真、专注。结合生活经验，凭借着自己的想象进行搭建，当他们发现搭建纸杯很有乐趣时，会有越来越多的孩子为之而感兴趣。

（2）酸奶的杯子很常见，孩子们通过自己的想象、商讨搭建出自己想象的东西。第一次的操作和第二次的操作有更加不一样的效果，在活动中，偶尔给孩子们一点想象的空间，他们的思维能力会越来越强，创作的空间会越来越大。

（3）他们在商讨的过程中，不仅学习如何与人友好相处，也在学习如何看待自己和他人，不断发展适应社会生活的能力。在进行交流的同时，也在发展着人际交往能力、对交往情境的判断能力、组织自己思想的能力等，并通过语言获取信息，逐步使学习超越个体的直接感知。科学学习的核心是激发探究欲望，培养探究能力。

2. 孩子的收获

纸杯活动都不是独立完成的，而是有两个或两个以上的孩子共同完成。每一次搭建前他们都会进行讨论，以分工合作的方法来搭建他们所需要的作品。在搭建时孩子和孩子之间可以互相学习、互相分享自己的作品，对他们来说这就是一个小结。学会发现问题、分析问题和解决问题，让他们不断累积经验和创新。

3. 下一步发展可能

一堆纸杯让他们玩得如此投入，几个孩子在一起时也没有影响他们的操作，他们反而更加专注于往上叠。看看孩子玩出的新花样，也可以在电视上展示一下这次他们操作的作品，让班上的孩子多点想法，叠出更多的花样。孩子有合作是件非常好的事情，希望以后孩子们能经常合作。

纸张大力士

广东省中山市坦洲镇中心幼儿园　杜派懿

今天与孩子们在科学活动中做了几个关于纸张的小实验，孩子们的脑袋瓜里都装满了纸张小实验。哪怕拿着一张小小的纸都在桌上讨论一番到底纸能否站起来。孩子对纸的痴迷才会让吴斐有这次试验。

【观察描述】

下午放学时，吴斐小朋友正和我并排坐在一起，你张着小嘴问："杜老师，我的绘本书能站起来吗？"我转过头对你说："我不知道耶，要不我们试试吧！"随后你从书包里拿出了一本硬皮的绘本书，小手在那儿不停地摆弄起来，第一次你尝试让书本横着趴在桌面上，你小手刚离开就听到啪的一声，书本倒在桌上。倒下后你并没有放弃，把书捡起来继续不停地摆弄着。第二次你依旧用同样的方法。当你的手离开书本时，书本又啪的一声倒下来。此时我看向你，你的脸上露出了一个笑容。此时我问道："吴斐，你的书本为什么会站不稳呢？"我的话音刚落下你就挠了挠小脑袋，没有回应我，小手拿着绘本忙碌起来。这次你尝试着把绘本竖着站立在桌面上，摆好后你尝试轻轻地把小手拿开并且眼睛直直盯着绘本，生怕它会再一次倒下。结果，这次绘本真的稳稳站立在了桌面上。此时我和你都激动地叫了起来，开心地拍起了手。而这时你并不满足这么简单的挑战，于是你又拿起文件袋，尝试把文件袋放在站立起来的绘本书上。你轻轻地把文件袋放下后，慢慢走开。绘本书成功地撑起文件袋，直直地站立在桌面上。你又尝试新的挑战，拿起书包对我说："杜老师，你觉得这样子放上去可以吗？"我回应着点点头说："你试试吧。"有了我的支持，你把书包往直直站立着的绘本书和文件袋上随手一放，结果它们噼里啪啦全倒下来。此时你皱起了眉头，我问道："到底怎么回事啊，刚不是很成功吗？"你回答道："是不是我的书包太重呢？"我问你："怎样才能把书包整理好呢？"你听完便开始收拾起书包来了。经过很短的时间便重新开始试验，这次你没有像第一次那样鲁莽，而是慢慢把书包放在书本的顶端。这次，书本成功地把文件袋和书包稳稳地支撑在桌面上。你不敢马上欢呼而是静悄悄地看了一会儿才拍手庆祝。你成功地做好试验后，脸上露出了像小花一样美丽的笑容。

【教育分析】

在这次观察中，吴斐小朋友因为在教育活动中有了对纸的了解并且对纸的承重产生了探究的欲望，所以在不断尝试利用不同的方法进行试验。此次试验促进了幼儿探究、观察的发展，培养了其耐心、协作、互助、坚持等良好的学习品质。

【教育措施】

（1）纸张是科学领域中需要孩子探究的一样物品。在探究的过程中，我们可以准备多种不同材质、颜色的纸让孩子发现试验过程中会否因材质不同而影响到试验结果不同。

（2）在孩子通过用不同纸试验来了解纸的承重量时，我们就可以制作记录表让孩子进行记录并且与同伴分享自己试验的材质以及试验的结果。

（3）在室内试验一段时间后可以把场所换到室外，让孩子在大自然中找到纸可以承重的物品并且进行记录。

裤子晾起来了

广东省中山市坦洲镇中心幼儿园 郝利君

【观察背景】

洗衣区里，晾衣服的铁线有些高，孩子们够不着，老师在不显眼的角落里放置了几根长短、粗细不一的棍子。

【观察目标】

观察孩子们用什么方法可以将洗好的衣服晾到铁线上。

【观察过程】

混龄活动时，琪琪和小班的妹妹一起在洗衣区洗衣服。琪琪洗好了一件小裤子，把裤头套在了衣架上，要将衣架放到离地面2米左右的铁丝上，这可怎么办？

她首先从铁棚里搬来了一个平衡木，右脚踩在平衡木上，左脚踩在旁边的栅栏下端，右手拿着衣架，左手用力地拉紧不锈钢栏杆的上端，试了一会儿，发现无法把衣架挂上去。

接着，她发现了铁棚后侧有几根棍子，于是拿起一根废弃的拖地竹竿，用竹竿穿过衣架的三角位置，尝试着支撑衣架并将其挂起来，结果衣架顺着竹竿滑落到下面；第三次，琪琪又找来一根更粗的竹棍，她拿着竹棍左看看，右看看，把衣架放在了没有钉子的这一头，一放，衣架就滑到了竹棍的中间位置，一举，衣架完全顺着竹棍滑到了底端。她继续把衣架的三角位置放在竹棍的顶端，小心翼翼地一边将竹棍向上举，一边注视着衣架和裤子……终于，衣架落在了铁线上，裤子晾好啦！琪琪露出了胜利的微笑。

这时，她发现旁边有一条妹妹挂在不锈钢栅栏上洗好的牛仔裤，自言自语说："我帮妹妹把裤子也晾上去吧！"这一次，她用了竹棍的另一头，这一头竹棍上有钉子和绳子，她把衣架的三角位置放在钉子与棍子的垂直处，衣架稳稳地悬在上面，很快，裤子就晾到铁线上了，汗水也顺着琪琪的脸颊流了下来。

两条裤子都晾好了，琪琪带着妹妹开心地去其他的游戏区玩。

【观察分析与反思】

1. 分析

（1）琪琪具有良好的学习品质。

① 她能坚持。在整个晾裤子的过程中，从搬平衡木到将洗好的裤子晾到铁线上，用了约10分钟，在不断尝试辅助物的过程中，她一直没有放弃。

② 她敢于尝试，不断探索。她一共找了三种辅助物：平衡木、竹竿、竹棍，尝试了许多次才将裤子晾上去，尤其是最后帮妹妹晾裤子时，还去尝试竹棍的另一端是否能更快。

③ 她善于观察思考。她发现了自己不够晾衣铁线那么高时，会先观察周围的环境材料，找到可以利用的辅助物，并会思考该如何用这些辅助物将裤子晾起来。

（2）琪琪很有责任心和爱心。她把晾裤子当成一个任务，认为作为大班的姐姐，在混龄活动中，就是要和妹妹一起玩，帮妹妹完成她无法完成的事情。

2. 反思

（1）提供更具挑战性的材料，增强孩子的探索性。例如，可以提供不同材质、不同形状的衣架，让孩子探索不同的衣架用不同的棍子支撑着怎样才能将衣服晾到铁线上。

（2）提供不同难度的材料，让更多的孩子在晾衣服的过程中获得经验与成功。例如，可提供一些更容易操作的晾衣竿，一些小凳子、小桌子或砖头等，让孩子想办法将地面与铁丝的距离变得更近。

心中的"房子"

广东省中山市坦洲镇中心幼儿园 梁敏怡

【观察目的】

建构区是孩子们非常喜欢的一个户外自主游戏区，这次我主要观察该名幼儿与同伴间的合作能力和语言表达能力是否有提高，以及幼儿的想象空间有没有进一步提升。

【观察描述】

每一个星期，孩子们最盼望的就是进行户外自主游戏了，而建构区是孩子们最喜欢的游戏区，因为他们可以根据自己的想象去拼搭出喜欢的造型，还可以自由选择玩伴一起进行游戏。

卓皓文在这次游戏中找到了叶俊浩做他的合作伙伴。他们站在区域一角你一言我一语，十分认真地商讨着这次的游戏目的与取材方向。皓文说："我今天想建一座我喜欢的大房子，等会儿我去拿长长的积木，你去拿方块的积木吧。"

俊浩微笑着点点头，同意了皓文的提议并立马行动起来。不一会儿，只见他们快速在存物筐里地拿取了一些长条形的大积木和方形板块放到自己的阵地，放下这些材料后，皓文很紧张地在筐里翻找着什么，原来他是为了找那块不规则形的积木，看得出来他们那一组真的商讨得好仔细。之后他将长条形大积木有序地拼摆成两个相连的正方形，紧接着他将那个不规则形的积木当成砌砖刀不停地拍打着积木间的缝隙处，之后还让小伙伴与他一起铺"地砖"呢，他一边铺一边指挥着同伴应如何使用"砌砖刀"将"地砖"拍结实呢。皓文的"房子"造型基本完成了，可皓文和俊浩突然发现最重要的门口还没有呢，于是他们俩一起去存物筐里寻找适合当作大门的积木，但看到两手空空的他们回到阵地就知道没有找到适合的积木，皓文没有轻易放弃，继续带领着他的伙伴去其他组溜达，果然被他发现了在其他组有一块拱形的积木特适合做门。

皓文与小伙伴平时都比较胆小，不太敢跟顽皮捣蛋的同伴借东西。这时，皓文走过来跟我说："梁老师，我想要那块拱形的积木当大门，但怕他们不给我。"我对他说："如果你们想房子更漂亮完整一些的话就要靠自己了，而且向别人要东西时必须有礼貌才行，让老师看看你做了大班的哥哥后有没有进步了。"听完了我的鼓励，皓文转身走向同伴，小声地对子茵说："我想拿这个拱形积木做我'房子'的大门，你可不可以借给我用一用啊？"子茵听了皓文的请求就直接把那块积木递给了他。

虽然皓文声音较小，可他能按照我的引导有礼貌地向别人借用东西，是一个明显的进步。随后，这样一间专属于他的房子就建好啦。我透过皓文开心的笑容，深深地感受到他满满的成就感！

【教师分析】

（1）在幼儿玩搭建游戏时，我有时会因着急而把自己的想法传递给幼儿，从而过早了介入了幼儿的活动，结果影响了幼儿的独立思考。

（2）在幼儿的整个搭建过程中，我以观察者的身份潜伏在孩子身边，没有过多地干预孩子们的搭建，等发现问题时才适时引导。建构游戏是一种创造性的、连续的活动，它比集体活动更有利于教师了解幼儿的经验，教师也更容易发现每个幼儿的发展足迹。

（3）这次"建房子"让我感到非常意外和欣慰，孩子能根据既定的目标拿取想要的材料，从而得知他平时对建筑工人的砌砖过程肯定观察得十分细致，并且能利用现有积木的外形找出与砌砖刀外形相似的积木去拼搭房子，把方形板块当作地砖，还会指挥同伴如何去配合他完成，他的创作是值得所有小朋友学习的。

【教师措施】

（1）我会通过分享照片或视频的形式鼓励其他孩子学习皓文的搭建方法，帮助他在游戏中继续提高创造力，这样不仅会增强幼儿的信心，满足其成就感，还可以促进幼儿之间相互学习、取长补短，让他这个小小工程师在建筑的快乐中成长。

（2）下次我会在皓文这个平面建构的基础之上，引导他使用一些立体材料来辅助（如罐子、盒子），丰富"房子"的整体结构，相信他的创造力会得到更好的提升。

（3）在今后的活动中，我要更加注重引导那些性格内向的、不太敢大胆表达自己想法的幼儿多多参与游戏，丰富幼儿的经验，开拓幼儿的思维，让每一个幼儿都在建构游戏中得到成长。

自由人

广东省中山市坦洲镇中心幼儿园　吴丽玲

【案例背景】

睿睿满眼都是有趣的事物，经常会以自己的方式去尝试和理解事物。比如，在上课时，他会突然走到区角柜，摸摸区角材料，又坐回位置，然后又去摸摸材料，又坐回位置不断重复。

【观察一】

不想要插板

今天入区活动中，孩子们都开心地选择了自己喜欢的区角材料。我看见睿睿来到益智区，选择了拼插玩具。你把盒子打开，把盖子放在托盘上，再把盒子叠放在盖子上面。首先拿起一块绿色的插板，然后插上几块积木。拼插一分钟以后，你又拿来几块积木，想把它拼插进绿色插板上，尝试了两遍后，又把积木拆下来，你不想要插板，就把插板放进托盘，然后把托盘推到一边去。接着你在垫子上玩积木，你把积木越拼越长，你拿起拼好的积木："砰！砰！砰！哇！手枪！"你非常开心，因为你拼了一把枪。过了一会儿，你放下"枪"继续拼，这一次，你更加认真了！你右手按住拼好的造型，左手拿来黄色的积木，左看看、右看看，你把拼好的造型竖起来放，又把底部加大加宽："楼梯、楼梯！"你看着自己拼好的"楼梯"，心满意足地笑了！

【观察二】

我想要这个！

又到了入区时间，睿睿在益智区领了磁力积木走到教室外面，边走边对浩浩说："过来，过来！"但浩浩没有理你，继续玩自己的材料。你拿了垫子铺在地板上，然后把箱子打开，把所有的磁力积木全倒在地板上，再把箱子叠放在盖子上。你拿起参考图，指着汽车造型说："我要这个！"就把图纸扔进箱子里，磁力积木也放回箱子里。然后你拿来两个轮子，手放在轮子上，滑过来、滑过去，咯咯咯地笑起来，开心得不得了！

【活动反思与总结】

1. 孩子的学习过程

睿睿在操作材料时，能遵守游戏规则。每次拿来区角材料，你都会把盒子打开后，再把盒子叠放在盖子上面。游戏中，认真尝试不同的玩法，而且想象力非常丰富。但是你的坚持性不够，就喜欢随心所欲地玩，所以你的玩法往往很单一。

2. 孩子的收获

睿睿学会摆放区角盒子的常规，游戏中遵守规则，不打扰别人。能把拼成的造型想象成手枪、楼梯，想象力很丰富。

3. 下一步发展的可能

（1）逐渐提高要求。睿睿性格比较随意，不习惯条条框框的约束，要试着在不违反原则的情况下，对他适当降低一些要求，并对他的进步及时给予肯定，然后逐渐提高要求。

（2）共同制订规则。幼儿对规则本身并不理解，因此，在制定规则时，教师尽量和幼儿一起商量，共同制订班级的游戏规则、入区规则、盥洗规则等。

（3）赢得家长的配合。有些家长认为孩子就应该无拘无束、自由地成长，因此对孩子毫无要求，造成孩子从小缺乏规则意识。要想帮助孩子建立规则意识，教师首先应该做通家长的工作，赢得家长的配合，做到家园共育！

附录三　课程探索：活动案例

好玩的沙水（小班自主游戏）

广东省中山市坦洲镇中心幼儿园　张英贤

【案例背景】

在一次晨练中，我带领孩子们去沙池边缘练习走平衡。突然，芃芃对我说："老师，这里面有好多沙子。"我一看，原来沙池旁边有一些又粗又大的PVC管，PVC管里面的确藏了许多沙子。我看到芃芃一边走一边用手抓沙子，并且将沙子握在手中把玩。其他小朋友发现了也都将手伸进PVC管中抓起一把沙子握在手里。芃芃说："老师，沙子里有一颗石头。"月月说："老师，沙子好小。"伟胜说："沙子里有树叶。"看到小朋友们对沙子这么感兴趣，我决定等到户外自主活动时，带领孩子们去沙池区进行游戏，一窥沙子的面貌。

【活动案例一】

堆城堡

户外自主游戏时间到了，我带领孩子们来到沙池区进行游戏。孩子们纷纷选择了自己喜欢的工具蹲下来玩耍。有的拿着小铲子往桶里铲沙，有的在堆沙堆，有的拿着玩具模型在做蛋糕。总之，孩子们玩得不亦乐乎。突然，维维跑过来对我说："老师，我堆的城堡倒了。"我走过去看了看，问道："为什么倒了呢？是你的城堡太大了吗？还是你的城堡没有堆结实呢？"维维摇摇头说："不知道。"我说："那我们让其他小朋友帮你想想办法，好不好？"我将孩子们召集在一起，对他们说："小朋友们，维维堆的城堡倒了，你们想一想有什么办法让城堡不倒下呢？"随后，孩子们都聚集在维维身边，帮助他想办法。有的说拿一些东西挡住，有的说拿桶把它盖住，有的说不要那么高的城堡。

看到孩子们议论纷纷，我说："老师想到一个办法，请小朋友们用小桶去接点水倒在沙子上，然后用湿湿的沙子重新堆一个城堡，看看城堡还会倒下来吗？"孩子们听完立刻行动起来。不一会儿，我看到孩子们堆的一座座小城堡屹立在沙池中。维维高兴地说："老师，看我堆的城堡。"活动结束后，我对孩子们说："沙子遇水后容易黏在一起，不像干沙那样容易掉下来，所以用湿湿的沙子堆城堡，城堡不会那么容易就倒塌。"

【活动案例二】

挖水道

通过上一次对孩子们玩沙游戏的观察，我发现孩子们对湿沙特别感兴趣。因此，这次活动开始前，我在沙池里靠近水龙头的下面投放了一个PVC大水管，让孩子们自己探索湿沙的秘密，尽情游戏。为孩子们介绍完PVC水管后，我便组织孩子们有序进入沙池进行游戏。

孩子们一进入沙池立马欢呼雀跃起来，跑到沙池中央选好自己喜欢的工具便开始游戏。有的在挖宝藏，有的在挖沙坑，有的在堆城堡。这时，我看到熠哲你拿着一把红色小铲子走到PVC管附近蹲了下来，你铲了一铲子沙，然后将铲子里的沙子倒在PVC管中，你边铲边说："我要把水管里堆满沙子。"就这样，你一直沉浸在向PVC管倒沙子的快乐之中。突然，祯祯跑过来对我说："老师，我的手脏了，想洗手。"我点点头说："好的。"祯祯就打开水龙头洗手，水龙头里的水顺着祯祯的小手流到了PVC管里，将熠哲倒在管中的沙子冲走了一些，祯祯低头看看水管说："沙子流走了。"熠哲说："沙子被水冲到水管那边了。"祯祯说："我们把水管里的沙子都冲到下面，好吗？"熠哲点点头说："好啊。"于是，祯祯将水龙头开到最大，看着水流进PVC管，经过PVC管中的水又缓缓地流入沙池中，不久，沙池中便出现了一个小小的水潭。祯祯看到后兴奋地说："看，小水沟。"熠哲听到后跑到祯祯身边说："我们一起挖条大水沟，好吗？"祯祯点点头说："好啊。"于是，祯祯起身跑到沙池中央拿了一把铲子，回来和熠哲一起蹲下来挖水道。一些小朋友听到水声，也拿着自己的工具跑过来。

当看到祯祯和熠哲在挖水道时，这些小朋友也蹲下来开始挖。水道越挖越深，这时，小雪将玩具小鱼放进水道里，小鱼浮在了水面上，并顺着水流往下游走，小雪高兴地大喊："看，小鱼在游泳。"小朋友们看到了都欢呼起来，熠哲说："我们把水道挖长一点，让小鱼游得更远。"小朋友们听了都动手挖起了水道，不多久，一条又深又长的水道就出现在我面前。孩子们兴奋不已，一直沉浸在挖水道的快乐中。

【案例分析与措施】

《指南》对3—4岁幼儿在科学领域应达到的目标中指出"喜欢接触大自然，对周围的很多事物和现象感兴趣""具有初步的探究能力""能用多种感官或动作去探索物体"等。在堆城堡活动中，我们可以看到幼儿非常喜欢沙子，能够积极投入到活动中自由探索沙子的玩法。此外，幼儿通过看、摸、铲、堆、拍等感官和动作不仅能感知到干沙和湿沙的特性，而且增强了动手能力，发展了手部力量。通过城堡倒塌事件引发幼儿积极思考城堡倒塌的原因，开阔了幼儿的思维，发展了幼儿的想象力。后来我引导幼儿将水洒在沙子上，用湿沙重新堆城堡，也激发了幼儿对沙子的探究能力。在挖水道活动中，幼儿对PVC管非常感兴趣，所以幼儿才会自主、自发地往管中倒沙子，探索PVC管的玩法。通过偶然的祯祯洗手事件，又引发幼儿进一步的思考与探究，幼儿发现水流、管道、沙子之间的联系，便联想到挖水道活动。在上述两个活动中，幼儿的表现都与《指南》中科学领域的目标相一致，幼儿都是自主、自发地参与到游戏中，自由探索干沙和湿沙的不同玩法，并且体验着玩沙带来的乐趣。

通过堆城堡和挖水道活动，我发现幼儿不仅喜欢玩沙，更喜欢玩水，而且对PVC管特别感兴趣，特别是当沙子、水和PVC管结合在一起时更能激发幼儿游戏的欲望和创造性。因此，在下一步的活动中，我会做到以下几点：

（1）投放大小不一、形状各异的PVC管，引导幼儿观察水管的不同，鼓励幼儿探索PVC管和水、沙子的不同玩法。（如可以将小的PVC管放在大的PVC管前面，连成一个长长的水管；也可以将PVC管插在沙池中并向管中倒水；还可以将PVC管中装满水，再装点沙子和玩具小鱼，当作海底世界）

（2）仔细观察幼儿在活动中的言行，及时记录幼儿学习的瞬间，表扬那些有大胆创意、玩得与众不同的小朋友，并请他们为大家分享自己的玩法。

（3）活动后，请部分幼儿说一说自己玩了什么，和谁一起玩的，都做了什么，最喜欢玩什么，然后根据幼儿的回答进行小结。

医院里的那些事儿（中班自主游戏）

广东省中山市坦洲镇中心幼儿园　陈越美

【案例背景】

在幼儿园每周五的混龄活动中，我发现我班的很多小朋友对医院区域非常感兴趣。他们每次都会选择去医院区域玩。看着他们穿上工作服，戴上工作帽，胸前还挂着听诊器，然后有模有样地给"病人"看病的样子，我顿时脑洞大开：何不在我们自己班上也建立一个医院区域？一来可以满足孩子们对医生职业的体验，二来方便我们教师观察孩子对医院的各项工作了解有多少。经过与班上孩子们商量后，我们决定在班上设定一个儿童医院。

【活动案例一】

看病，医生你准备好了吗

早餐过后，孩子们陆续进入儿童医院。我看见沉锋和阳阳迫不及待地穿上了医生服、戴上听诊器开始给病人看病。他们先是提醒病人躺在病床上，然后阳阳拿着听诊器放在病人的胸口，认真地听了起来。阳阳大约听了5秒钟后，对病人说："你生病了，我要给你打针才能好。"说完阳阳便拿起了针筒在病人手上开始打针了。一会儿，护士们也都过来给病人打针。而此刻的前台却空无一人。

观察让我发现了以下问题：

（1）孩子们对看病的流程不清晰。

（2）医生与病人之间的对话不够完整。

（3）医生的着装不够整齐。

针对以上问题，活动小结时我和小朋友们展开了谈话。

教师："你们觉得医生的工作职责是什么呢？"

阳阳："医生是给病人看病的，我爸爸就是医生。"

教师："你们平时最容易生哪些病呢？"

祖延："我经常感冒、咳嗽、发烧。"

欣仪："我经常会拉肚子和喉咙痛。"

教师："医生给病人看病时，他们通常会说些什么呢？"

葳葳："医生会问你哪里不舒服了，然后拿个手电筒看看嘴巴，用听诊器听一听胸口。"

此次谈话帮助孩子们梳理了病理的常识，丰富了角色之间的交流。

【活动案例二】

我来当医生

经过上一次师幼之间的探讨，孩子们在区域里的游戏表现明显进步了许多。

今天，绮绮和欣仪扮演病人，她们先是到前台排队挂号。晴晴是负责挂号的，她给每个病人发了一张空白的纸当作挂号纸。两个小病人拿着纸就去看医生了。欣仪先来到医生面前坐下来，她说："医生，我今天肚子痛，你帮我看看吧。"维维拿起了手电筒说："你先张开嘴巴给我看看。"接着又把听诊器放在欣仪胸口仔细听。然后维维说："请问你今天吃了什么东西呢？有可能是你吃的东西过期了。"欣仪说："医生，我今天吃了很多东西，有汉堡包、薯条、可乐、鸡翅等，吃得好饱。"维维说："你吃的那些都是垃圾食品，难怪你会肚子疼。你需要打一支针才能好。你过来躺在床上吧。"维维给欣仪打完针后又把挂号单给她并叫她去拿药。欣仪拿着挂号单给护士，护士拿了药交给欣仪，但没有和她讲解药的吃法。

为此，我又及时带着孩子们进行了小结。

教师：小朋友们，去医院挂号时你们有发现挂号单上面写着什么吗？

诗言：有数字宝宝。

教师：除了有数字宝宝还有什么呢？

这时，幼儿们面面相觑，沉默不语。

教师：其实呀，挂号单上除了有排号还有日期和名字呢。我们的儿童医院也设计一张挂号单好吗？小朋友们听了都拍手赞成。我拿出一张纸说出今天的日期，2019年4月18日。

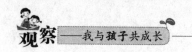

教师：小朋友不会写字怎么办？

铭铭：不会写就打个×。

教师：你这个想法很好，除了×还能用其他简单的符号表示吗？想想还有什么比×更简单的吗？

睿睿：那就画个点点吧。

最后，孩子们都同意用"2019.4.18"这种格式的日期，要按照病人到来的先后顺序排号。

教师：医生给病人诊断时要怎么写呢？

沅锋：我觉得可以画出来。

教师：你这个想法不错。比如病人发烧了，该怎么画？

沅锋：那就画个太阳（☼）表示发烧。

教师：非常好。咳嗽、拉肚子、喉咙痛该怎么画？

雨薇：咳嗽、喉咙痛就画个圆，里面加一横。

卓源：拉肚子可以画个圆，里面再画个勾。

此次小结让幼儿对挂号单有了全新的认识。在设计处方的环节孩子们奇思妙想、脑洞大开，终于制定出一个个易画、易懂的挂号单、处方单。

【活动案例三】

有序的儿童医院

经过前两次的调整后，孩子们在医院里游戏时变得更加有序。

今天，我发现孩子们学会了填写挂号单，前台的护士也在忙着搓药丸。所有的工作人员都忙忙碌碌的。这时，言言走到我身边说："老师，今天是几月几日？"我说："今天是2019年4月18日。"她开始在纸上写：2019.4.18。然后在下面画一条线，写上排号1。

另一边的护士们正在用轻黏土忙碌地制作药丸子，并把整理好的丸子一颗颗放进瓶子里面，贴标签、写价格。大家都忙得不亦乐乎。

医院另一边的微微扮演的是一个准妈妈。她把小鸟玩具塞进衣服里，肚子鼓得高高地走进了医院。欣仪和绮绮扮演医生。欣仪细心地扶着微微躺在病床上，并亲切地和微微交谈着。

欣仪："别害怕，我们来帮助你生宝宝。"

不一会儿微微的"宝宝"出生了。

欣仪：这是你刚生出来的小宝宝，我把他放在你的身边吧。

微微：医生，我现在头晕，肚子痛。

欣仪听了，马上过去拿了体温计来给她进行体温测量。

欣仪：哎呀，不好了，你发烧了，必须要打个吊针才行。于是她拿来吊瓶，还让绮绮帮忙拿胶布。两个医生一个按针头，一个剪胶布，两人齐心协力，合作完成了打针。

【活动反思】

（1）孩子们在儿童医院里游戏时积极性很高，但是对角色没有深入的了解、分工不够明确导致在活动中出现一些问题。例如，医生和护士一起围着病人打针。教师发现问题后及时组织孩子们商量如何改进，并应用一些简明易懂的方法，如挂号单和处方的填写。这提高了孩子的游戏水平，使活动开展得更加流畅和丰富。

（2）教师能根据班级孩子爱模仿、爱表现的心理特点，带领孩子们一起来设置适合他们的区域，让孩子们在自由宽松的环境中选择自己喜欢的角色，尊重孩子个性的自由发展。

（3）孩子们通过角色扮演了解了医院的工作人员及其职责，掌握了看病的基本程序，体验到角色扮演的乐趣。通过游戏，孩子们学会要如何与同伴交流以及感受到共同合作的美好情感体验。

在教师提出问题时，孩子们能够勤思考，勇于探讨并发表他们的想法，孩子们齐心协力、共同打造出了全新的区域。他们设计游戏、调整游戏、自主游戏，让自己真正成为游戏的主人。

探索成语之谜（中班学习活动）

广东省中山市坦洲镇中心幼儿园　梁凤英

【案例背景】

某日午餐，较多孩子吃饭时极不专心、四处张望。于是教师提醒道："小朋友们要好好吃饭，不要左顾右盼。"孩子们听了教师的话后不仅没有认真吃饭，反而鹦鹉学舌："左顾右盼。"诗涵小朋友还小声嘀咕着："左顾右盼是什么意思呀？"教师感觉到了孩子对成语的敏感性。

恰逢我园"读书节"，教师抓住时机，在活动中、游戏里，大量运用成语，让孩子处于一个极为浓厚的成语氛围里，引导孩子说成语、用成语、感受成语的意蕴，和孩子一起探索成语的奥秘！

【活动案例一】

悟成语之美

教师："左顾右盼是一个成语。它的意思就是左看看、右看看，形容人骄傲得意或迟疑不决的神态。小朋友们觉得这个成语怎么样？"

于是，孩子们你一言我一语地展开了讨论。

颖欣："老师，我喜欢这个成语，因为我觉它和我们说的话不一样。"

诗涵："老师，我也喜欢这个成语，我觉得它好有趣。"

楷瑞："我也喜欢这个成语，因为我以前没有听到过。"

莹莹："我也喜欢它，我以后吃饭不要左顾右盼了。"

瑶瑶："上课时也不能左顾右盼，那样就学不到本领了。"

明轩："我觉得说成语好难呀。"

孩子们纷纷说出了他们对左顾右盼这个成语的初步认知。他们能感觉到成语有别于口头语言，在懵懵懂懂间初步感悟成语之美。

【活动案例二】

说成语之意

第二天早上晨检时，欣欣一见到我就兴奋地说："老师，我知道认认真真是成语，我们做事情要认真。""你说得非常好。你们愿意把自己喜欢的成语与大家分享吗？"我抓住孩子的兴趣，乘胜追击。"我来。""我愿意。""我先来。"孩子们争先恐后地高举着小手，唯恐落下自己。且来看看他们会将哪些成语熟记于心。

骏轩："我喜欢的成语是帅气十足。我和爸爸都帅气十足。"

瑶瑶："大家好！我喜欢的成语是一心一意。它的意思是做什么事都要专心，只能想着一件事。"

小妹："我喜欢的成语是画蛇添足。就是画蛇时不要给蛇画脚，不要做没有用的事情。"

莹莹："我喜欢的成语是助人为乐。就是帮助别人很快乐。"

淇淇："我喜欢的成语是张冠李戴。就是姓张的那个人的帽子戴在了姓李的那个人的头上了。他们搞错了。"

紫琳："我喜欢的成语是彬彬有礼。就是很有礼貌的样子。"

斌斌："我喜欢的成语是五颜六色。就是有好多的颜色。"

思妍："我喜欢的成语是再接再厉。练习讲故事时要再努力一下。"

孩子们津津乐道地分享着成语，声音响亮，自信满满。

为了解幼儿是否理解同伴分享的成语，教师对幼儿进行了提问："小朋友，你最喜欢谁分享的成语？为什么？"

斌斌："我最喜欢轩轩分享的成语——帅气十足。因为我也很帅。"

瑶瑶："我还是最喜欢我自己分享的成语——一心一意。"

欣欣："我最喜欢诗雅分享的成语——盲人摸象，因为我听过这个故事。"

莹莹："我最喜欢韵淇分享的成语——十全十美，因为很容易记住。"

志辉："我最喜欢翔翔分享的成语——相亲相爱，因为小朋友要相亲相爱。"

楚欣："我最喜欢淇淇分享的成语——张冠李戴，这个成语好搞笑。"

璟轩："我最喜欢紫琳分享的成语——彬彬有礼，因为小朋友要有礼貌。"

通过自己与同伴的分享，孩子们不仅学到了更多新的成语，也对成语有了更多的领悟，更加激发了探索成语的兴趣。孩子们在集体面前分享时清晰地表达、自信地展示自我，这也是他们的意外收获。

【活动案例三】

画成语之趣

教师："小朋友们已经会说一些成语了，还和大家分享了自己喜欢的成语。你们觉得还可以用什么方法分享成语呢？"

"我觉得可以画出来。"爱画画的小妹第一个说。

"还可以用手工做出来。"心灵手巧的璐璐说。

"可以像跳舞那样表演。"活泼的淇淇说。

"我也觉得可以画出来。"能干的小鱼说。

"可以用动作演出来。比如干干净净就可以用劳动的方法来表演。"睿智的楷瑞说。

教师："你们的想法都很不错。现在我们来画一画你喜欢的成语吧。"

"好。"孩子们异口同声地回答着。很快他们就投入其中，没有七嘴八舌的交流声，只有画笔在沙沙作响。10多分钟后，楷瑞第一个拿着他的作品来给我欣赏。"我画的成语是五颜六色。"楷瑞说。"我画的是画蛇添足。""我画的是狐假虎威。""我画的是倾盆大雨。"……孩子们蜂拥而至，争先恐后地向我介绍着他们的作品。

《指南》语言领域中指出：4～5岁幼儿愿意用图画和符号表达自己的愿望和想法。这一能力孩子们在本次活动中展现得淋漓尽致。在10多分钟的时间里，孩子们能把自己对成语的理解用自己的方式画出来，一个个生动有趣的成语跃然纸上，内容贴近成语的含义。由此可见，孩子们的领悟力极强，不容小觑。

【活动案例四】

演成语之乐

教师："之前有小朋友说可以用表演来分享成语。你们想要怎样来表演成语呢？"

淇淇："我要和梓琳一起演。"

思妍："我要穿上漂亮的衣服演。"

楷瑞："我一个人演就可以了。"

轩轩："我要妈妈和我一起来想想。"

颖欣："我想演三个成语。"

诗涵："我要演简单一点的成语。"

斌斌："我要穿帅帅的衣服演。"

小鱼："我要演好玩的成语。"

瑶瑶："我要边说边演。"

教师："你们按照自己的想法先准备吧。"

三天后，成语表演开始了。

首先自告奋勇上前表演的是小妹。只见小妹用右手食指在空中画来画去，好像是在写字的样子。接着小妹说："我在画蛇，在给它画脚。""画蛇添足。"机灵的莹莹抢先说出了小妹表演的成语。"对的。"小妹笑眯眯地看着莹莹说。

"我来，我来。"楷瑞也不甘示弱地走了出来。楷瑞手里拿着一块汗巾走到桌子前面，右手拿着汗巾在桌上擦来擦去。楷瑞说："我要把桌子擦得干干净净。"

轮到思妍表演了，她一上前就赢得了小朋友们的阵阵赞叹声："哇，好漂亮呀。"思妍头上戴着一顶粉色的皇冠，肩上披了一条粉色的纱巾，她先介绍了自己表演的成语："大家好，我今天表演的成语是翩翩起舞。"说完思妍就像蝴蝶挥动着翅膀的样子在原地飞舞了两圈。"我的表演完毕，谢谢大家。"

楚欣呢，她手里拿了一件衣服，她先是把衣服打开放在桌子上，接着她边叠衣服边说："我把衣服叠得整整齐齐。"

轩轩一上前就摆了个酷酷的造型，他说："我表演的成语是帅气十足。"

璐璐和梓琳一起上前。璐璐手上拿着一顶自制的帽子，她说："这是我的帽子。"璐璐说完便把帽子戴在了梓琳的头上。"张冠李戴。"孩子们异口同声地叫喊着。

……

教师引导孩子大胆去想、去说如何来表演成语，既体现了教师充分尊重孩子们在活动中的主体地位，也让孩子们的语言能力和逻辑思维能力得到了锻炼、发展。孩子在表演成语的过程中，用真实的场景和肢体动作让小伙伴们身临其境地感受成语的意义。此时的成语对于孩子们来说不再是那么的深不可测，而是如此的生动有趣，他们在玩中学，学中乐。

【探索成语的力量】

《广东省幼儿园一日活动指引》中指出："幼儿园应关注幼儿学习与发展的整体性，注重健康、语言、社会、科学、艺术五大领域之间和目标之间的渗透和整合。"教师有机地渗透了三大领域内容，注重教育的趣味性和由浅入深的教育原则。活动中，教师以幼儿的兴趣为出发点，以幼儿主导活动为主、以教师的引导为辅。孩子们通过说成语、画成语、演成语一系列丰富多彩的活动的开展，让原本像谜一样的成语不再那么深不可测，而是变得栩栩如生、鲜活起来。孩子们在实践中体验、感悟、学习，激发了他们探索成语的兴趣。

探索成语之谜，我们才刚刚开始，成语的博大精深岂能是我们的孩子一年半载就能拨云见日的？加油吧孩子们！

我和我的故事（中班学习活动）

广东省中山市坦洲镇中心幼儿园 梁燕莹

【活动背景】

随着读书节系列活动的开展，孩子们对故事特别感兴趣，每次说起故事都会兴奋地说："我喜欢白雪公主的故事，我喜欢恐龙的故事……"通过和孩子交流，我发现班级中原来有很多故事迷，于是开始了有关故事活动的主题探究。

【活动案例一】

什么是故事

既然孩子们对故事那么感兴趣，那么，在孩子们的眼中，故事到底是什么呢？他们是怎么理解故事的呢？故事可以带给他们什么呢？于是，我和孩子们就"什么是故事"展开了一次讨论。

老师：小朋友们，我们每天都在听故事，那你们知道什么是故事吗？

千寻：故事就是讲给小朋友听的。我最喜欢的一个故事就是《迷路的小鸭子》。

芷珺：故事可以是自己讲的，也可以是爸爸妈妈讲的。

梓贤：故事就是讲述好听的事情。

乐乐：故事就是很有趣的事情。

煜哲：故事让我觉得很开心。

俊然：故事是别人写出来给小朋友看的。

原来，小朋友们对故事有着自己的理解，知道在故事世界里面会发生各种开心、有趣、好听的情节，而且通过爸爸妈妈给自己讲故事，感受到了故事的温暖和温馨。

【活动案例二】

故事的魔力

今天，乐乐和小朋友们分享了一个经典的故事《小猫钓鱼》，这个故事告诫我们做事情要一心一意。孩子们听完故事后似懂非懂地点点头。有一天，惠惠从建构区激动地跑过来，说："老师，你看辰辰他们，辰辰和天天他们本来要和我搭建一座城堡的，但是他们两个搭一下又跑去玩了，我们已经搭了很久也没搭好。他们就像《小猫钓鱼》里的小猫一样，三心二意。"听了惠惠的话语，我非常惊讶。于是，在活动小结时，我把这个案例和孩子们进行了分享。在分享的过程中，孩子们纷纷表达了自己的想法。

靖雯：我们在换衣服的时候也要一心一意地换好衣服，不能一边换衣服一边去玩玩具。

俊然：我们在上课的时候不要三心二意，要一心一意地听老师讲。

芷珺：吃饭的时候要一心一意，不能说话。

琳琳：做早操的时候不能三心二意，要认真做操。

一娇：在操作材料的时候不能跑来跑去，不能三心二意。

咏雪：在画画的时候也要专心，要认真。

伟胜：踢足球的时候要一心一意听老师讲话，不然就不会踢足球。

向荣：下围棋的时候不能三心二意，不然就输掉了。

通过这次随机教育，我发现孩子们做事情注意力集中了，而且通过故事懂得了很多的道理，如小朋友在故事《一起去看流星雨》中学会了坚持，在故事《狼来了》中学会了做个不说谎的孩子。看来，故事的魔力可真不小！

【活动案例三】

自己的故事

早餐或午餐后，我经常听到孩子们在讨论故事，有的孩子甚至创编起不一样的故事。到了中班，孩子们对涂涂、画画的兴趣日益浓厚，而且语言表达能力提高了，于是有了设计自己的故事这个活动。

在设计之前，我们对设计故事的准备进行了探讨。

第一，我们用什么来表达自己的故事呢？

煜哲：我们不会写字可以画下来。

琳琳：我们可以讲出来。

千寻：我们可以先画下来，然后我们说，爸爸妈妈把故事写下来。

第二，那我们怎么样设计自己的故事呢？

乐乐：我看了一个故事后，可以自己创编出一个不一样的故事。

梓贤：我喜欢托马斯，我可以用托马斯画一个故事。

芷珺：我可以看一个我喜欢的动画片，然后把我喜欢的动画片编成一个故事。

婧祯：我喜欢公主，我要编一个有关公主的故事。

煜哲：我们的故事还要有名称。

第三，我们需要一些什么材料？

景行：水彩笔、纸。

天天：剪刀、胶水。

一边和孩子讨论，老师一边整理，引导孩子不仅仅要考虑材料的准备，还要考虑到故事的内容，为了让孩子们有更详细的计划，也为了给家长提供参与的机会，我们设计了"设计故事"的计划表。

在清晰的计划表下，孩子们都设计出了一个个属于自己的故事。

梓贤小朋友画了一幅画，画他坐上了1号小火车正在遨游太空。他画出自己做的梦的情景，再将这个梦用故事讲述给大家听，让伙伴们啧啧称赞。我们经常说课程不仅仅要关注知识的建构，更重要的是精神的丰富，将课程的目标价值导向儿童本身。想要丰富孩子的精神世界，我想我们首先要看见孩子的精神世界。

【活动反思与总结】

1. 孩子的学习过程

《指南》明确地提出：愿意与他人交谈，喜欢谈论自己感兴趣的话题。孩子正是因为对故事感兴趣，所以对于故事能够说出自己的理解，愿意和老师谈论自己眼中的故事是什么样的。

另外，4—5岁孩子喜欢把听过的故事或看过的图书讲给别人听，我发现孩子在和同伴讲故事的时候，像和朋友聊天一样，孩子表达起来更大胆自信。分

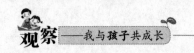

享时，幼儿能结合自己的生活经验畅所欲言，表达自己观点的同时也聆听同伴的想法，无论是集体讨论还是小组讨论，都是老师不断地抛问题，孩子们主动地探讨发现、积极地思考解决问题。

4—5岁孩子还愿意用符号或图画表达自己的想法。在设计故事中，教师通过与孩子一起讨论获得设计的经验，然后设计了故事的计划表，从计划表里我们看到了孩子对自己参与学习的清晰的计划，孩子们有想法、有主见就是一种良好的学习品质。

2. 孩子的收获

孩子对故事有了更深入的了解，不仅仅学会了讲故事，而且在故事中学到的道理都有了更为具体的经验。不仅如此，幼儿还能充分发挥创意，按照自己的想法设计自己的故事，也提高了孩子的动手能力。在活动过程中，幼儿的语言表达能力得到了提升，更乐于与同伴分享自己的故事。

3. 下一步发展的可能

教师可将更多自主权交给幼儿，真正追随幼儿的兴趣来开展活动，使探索更加深入、内容更加丰富。最后，根据孩子的兴趣点选择自制故事的方式是想通过孩子们自制过程中的表征看看，在这次探究中孩子们吸收到了什么。我们还想在自制故事表征中了解孩子们的思维特点、精神世界以及这个探究活动带给孩子们哪些经历和成长。在下一次的探究活动中，我们会有更多的参照和思考。

小绘本，大剧场（大班学习活动）

广东省中山市坦洲镇中心幼儿园　邱爱婷

【活动背景】

一年一度的读书节活动开始了，为了给孩子们一个不一样的读书节，今年我们准备了一个"绘本剧之旅"的主题活动，从活动开始的选材、过程到活动形式的呈现，所有的事情都让孩子来完成，真正做到让孩子完全自主。

【活动案例一】

遇见绘本

在一次餐前阅读中，孩子们选了《一园青菜成了精》这本绘本让我给大家进行朗读。朗读完之后，孩子们对这本绘本的语言风格及里面的故事情节非常感兴趣。于是，我抓住这个契机，详细地介绍了这本绘本。这是一本改编自北方童谣的绘本，里面的内容朗朗上口、情节丰富，极具中国民间艺术的风格。接着我与孩子们一起讨论，如果我们选取这本绘本作为我们的表演节目是否可以。孩子们开始进行积极的研讨：

梓妍：我觉得可以，这本绘本很有趣，里面有很多的青菜。

嘟嘟：我也觉得可以，我们可以把里面打架的情节表演出来。

森森：我觉得不行，这里面没有人说话啊。

皓信：我觉得这是一本很有趣的绘本。

Amy：我觉得这本绘本很好玩，里面有打仗的。

骞骞：我觉得这本绘本读起来很有节奏。

郎朗：我最喜欢里面的绿头萝卜，因为它可以当大王。

小妍：我觉得这本绘本很好笑。

津津：我喜欢这本绘本，因为读起来很有意思。

由于大家讨论得太过激烈了，所以最后我们决定投票，经过投票最后有30

位小朋友同意选取《一园青菜成了精》这本绘本作为我们的表演剧本。

【活动案例二】

认识绘本

选定了剧本之后，孩子们开始思考如何进行表演，如果要表演的话要先做什么呢？于是我利用一节集体课的时间与孩子们一起讨论我们接下来要做什么。骞骞说："我们要先分配角色，因为以前表演绘本剧都是要先分角色的。"

好的，如果我们要表演这本绘本，里面都有哪些角色呢？我找来了一张大白纸，然后和孩子们一起讨论，一起分配角色，最后讨论出里面一共有13个角色，分别是绿头萝卜、红头萝卜、莲藕、豆芽菜、小葱、茄子、韭菜、黄瓜、葫芦、大蒜、辣椒、豆腐、凉粉（如图附录3-1）。

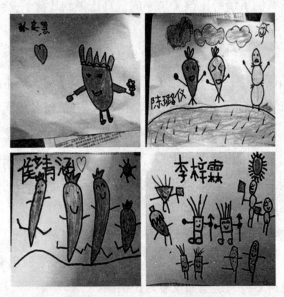

图附录3-1　幼儿画出青菜的模样

角色都提炼出来了，森森说："老师，不对，只有13个角色，我们班上有35个小朋友，怎么分啊？""是啊，怎么分呢？""可以每个角色让多点人扮演啊。""嗯，这是一个好办法。还有其他办法吗？"我接着问。欣欣说："可以让一些小朋友当道具师啊。"因为欣欣之前有过当道具师的经验，所以马上就反应过来了。"还有服装师。""还有化妆师。"孩子们七嘴八舌地说了起来。对了，我们可以增加一些角色啊，最后孩子们讨论出可以增加道具师、服装师、音响师、化妆师、摄影师等角色。这样就解决了角色不够分配的问题啦，孩子们真是太聪明了。

　　角色分配好之后，又有孩子提出绘本里面的内容都是儿歌，没有对话啊，那我们怎么表演呢？孩子们说："那我们需要设计对话啊！""怎么设计呢？如绿头萝卜称大王，红头萝卜当娘娘这一句话，我们可以怎么设计对话啊？"浩源说："绿头萝卜说我的力气大，我来当大王。"朱梓妍马上反应过来说："红头萝卜说我那么漂亮，我来当娘娘吧。"于是，大家热情地投入到台词创编中，大家根据自己选的角色进行了对话稿的设计，看看大家创编的有趣的内容。黄瓜说"看我的扫堂腿"。茄子说"看我出绝招"。大蒜说："我怎么被打成一瓣一瓣啦，大王，快救我啊！"看着这些有趣的台词，真是感叹孩子的才能（如图附录3-2）。

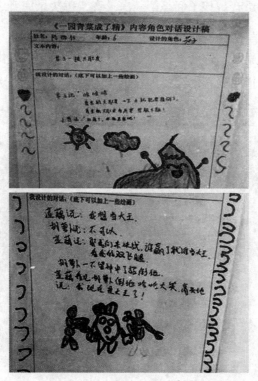

图附录3-2　幼儿的角色对话设计

【活动案例三】

演绎绘本

角色台词都创编好了，接下来就是进行演绎了。当黄瓜的小朋友商量着这个扫堂腿应该怎么扫，当小葱的孩子还在思考这个银杆枪要怎打这个茄子，而"茄子们"则在研究这个大肚皮要怎么挺才好看。在排练的过程中，孩子们不断地提出我们的动作可以怎么做更好看。

特别有意思的是一个叫烽烽的小朋友，这次他表演的角色是黄瓜，每次轮到他出场，他都要提示他的对手韭菜，你要把剑举起来，然后我扫你要跳起来，知道吗。后面几次的排练烽烽还会自己加戏，最后一个动作，他双手撑在地上然后用脚去扫韭菜们。看着烽烽自信的表现，你真的不会相信他之前是一个害羞的小男孩。

除了动作还有录音。孩子们是第一次录音，每次录完音之后我都会播给孩子们听，然后询问："你们觉得怎么样？好听吗？满意吗？"如果孩子们说不满意，我们又会重新录。你会发现在录音过程中，孩子们会做到安静，动作轻轻的，因为他们知道了录音的要求。在每次的彩排中，看着大家自信地在舞台上表演，我觉得孩子们在这个活动中真的成长了（如图附录3-3）。

图附录3-3 幼儿表演故事

【活动反思与总结】

1. 孩子的学习过程

这是一次由教师引导，完全由孩子们自发、自主进行的主题活动，在这个过程中可以看到孩子们的进步和奇思妙想。我们经常说要培养孩子的阅读能力，其实在这样的活动中，孩子阅读的兴趣与能力在不断地提高。

（1）在活动案例一中，教师能敏锐地抓住孩子对绘本《一园青菜成了精》的兴趣，立即开展了讨论，激发孩子的进一步探索，让孩子自由大胆地说出自己对这本绘本的看法，然后让孩子们来投票，充分给予孩子自主权，体现了班级质量管理手册当中关注学生观点和多种教学形式的指标。

（2）在接下来的活动中，教师又能抓住一个点让孩子来进行角色的分配，并且及时关注到森森提出的问题，带领所有孩子一起来解决问题，最后通过欣欣的前期经验得出我们可以增加角色以及各种后台的工作人员解决这个问题。

（3）在第三个活动中，教师关注到孩子在活动中的表现，鼓励孩子们进行创作。整个活动中，教师只是为孩子们创造了一个氛围，给予孩子们情感上的支持，而孩子们在这样的氛围中能大胆地展示自己，不仅自信心增强了，在语言表达方面也有很大的提升。

2. 下一步的调整

在这几个活动中，孩子们已经对选绘本、角色分配、表演这整个过程非常清晰，形成了一个主题网络图，但是可以延伸生成的内容还是比较少。教师可以通过分小组表演，让孩子们检验自己的表演方式，也可以通过邀请其他班的孩子当观众来进行评价，或者让孩子们自己制作一张评价表，然后通过别人的评价来调整自己的表演。

植物园里的发现（大班学习活动）

广东省中山市坦洲镇中心幼儿园　梁艺嫦

【活动背景】

新学期，幼儿园对户外自主游戏区进行了新的划分，按照班级活动的需要，由我们负责植物园——开心农场。一开始，开心农场里只有一些杂草，并未种植任何蔬菜瓜果。于是，我带着孩子们来到开心农场进行了讨论，孩子们对种植显得特别有兴趣。"老师，我想在这里种番薯。""老师，我喜欢吃青菜，不如种青菜吧！"孩子们滔滔不绝地说出自己内心的想法。开心农场就这样开始忙活起来了。

【活动案例一】

说说我的发现

今天，孩子们如从前一样，满怀期待地来到了开心农场，准备开始今天的工作。不一会儿，我听到了孩子们的声音："你们快来看看，我的玉米又长高了。""你看我种的土豆已经发芽了。""为什么我种的植物只长了那么一点点呢？"孩子们通过肉眼发现了各种植物的细微变化，使我感到格外欣喜。此时，桐桐走过来蹲在我的身旁指着土豆苗说："梁老师，你看土豆的叶子小小的，还长着细细的毛，很可爱哦。"说完，她又牵着我的手走到了玫瑰花地旁，说："梁老师，你快过来看看，玫瑰花的树枝长了很多刺，尖刺细细的，不要用手摸哦。"说完，又独自一人走到辣椒地里看了看，大声呼喊着："快点过来，辣椒树已经长出白色的花朵了，好像还有点香味呢。咦！还有一个绿色的小辣椒呢？"大家听到她的话，赶紧走过来看。

【活动反思】

植物园，是孩子们一直期待进入的一个自主游戏区。在这次活动中，他们通过用眼睛看、鼻子闻等方式，感知植物的外形特征和变化，并将观察到的植物发现用自己的语言表述，分享给他人。但是，活动中孩子只是单一地说说植物外表的一些特征。对于植物的不同阶段的变化，又可以怎样记录下来呢？此次活动后，我与孩子们进行了一番讨论，有的孩子说："老师！我们可以用手机拍照呀！"有的孩子又说："老师，我们可以用纸把它画下来呀！"……最后决定下次带着"种子成长记"记录表，继续进行下一次观察和记录。

【活动案例二】

记录我的发现

孩子们特别喜欢到户外的开心农场去看看自己种植的植物的生长情况，今天也不例外。与上次不同的是，每位孩子手上都拿了一份"种子成长记"记录表。观察活动开始了，我来回地巡视着。这时我看到桐桐也蹲在土豆地边上开始记录着，她一边用笔记录着一边说道："今天的天气晴朗，有太阳。"随后就在天气的下方画了一个太阳。"今天我为我的土豆浇水、除草。"又画了一只小手拿着水壶浇水的动作，水壶前面还画了一棵土豆苗。接着用笔来回地涂色："这是泥土，土豆生长在泥土里面，现在土豆长得高高的，叶子像椭圆形……"我看到了桐桐将叶子画成椭圆形，问："桐桐，你看叶子里面还有什么？"桐桐把头探到土豆苗的叶子前，仔细地看了看说："叶子里面的东西我看不清楚，太小了！" "那我们怎样才能看得清楚呢？"我问道。就在这时，蹲在桐桐旁边的熙雯说："我知道，我们可以用放大镜，这样叶子里面细小的花纹就能看到啦！"我点点头说："那我们明天收集一些放大镜，下一次来开心农场时把放大镜也放到这里，好吧！"桐桐说："好呀！"随后，每位孩子都将自己所看到的植物生长情况用绘画的方式记录。

【活动反思】

在这次活动中，老师为孩子提供了"种子成长记"记录表。让孩子深入地去发现植物的生长情况并用自己绘画的经验将自己所发现的植物的生长情况记录在记录表上。但孩子只是将植物的外形特征画了下来，并没有深入地发现植物的茎的长短、粗细，叶子的形状和叶脉等。有时候植物的表面可以用肉眼去发现，但细致的部分还是需要用一些工具去进行观察，那就是放大镜。在下次活动中，我们会投放熙雯说的观察工具——放大镜到开心农场里。

【活动案例三】

放大镜里的发现

今天下午，孩子们拿着"种子成长记"记录表和新投放的材料——放大镜来到开心农场。孩子们开心地走到自己的种植地去观察，有的孩子拿着放大镜对着玉米的叶子照了照；有的拿着放大镜对着玫瑰花的茎看了一下，就拿着记录本记录。这时，我发现桐桐又蹲在土豆地旁边，左手拿着放大镜对着土豆的叶子，右手拿着夹着记录表的文件夹。只见她先用放大镜照了照土豆的叶子，就小心翼翼地将自己的放大镜摆放在记录表上，然后就拿着铅笔在记录表上记录着。她先画出土豆叶子的大概轮廓，然后又举起放大镜照了照土豆叶子里的花纹，又把放大镜摆放下来，拿着笔将叶子的花纹添加到自己刚刚画的叶子里面。记录了一点，又用小手拿起放大镜对着刚才的地方进行观察，观察后继续做记录，不停地重复着这个动作。

【反思与总结】

1. 学习过程

在种植区，孩子通过观察植物的生长情况，可以认识不同植物的外形特征。但通过第一次观察，孩子只是能用较完整的语言将自己发现的事物讲述出来，没有发现植物更深的一些特征。第二次经过老师和孩子们一起讨论，决定让孩子将自己所发现植物的特征记录在"种子成长记"记录表上，孩子会运用自己的绘画经验进行记录。但在记录时，孩子只能将植物的大概特征画到表格上，而不能再将植物的叶脉和茎的条纹细致地画上，所以在第三次活动中，老师又根据孩子的要求新添加了观察工具放大镜，放大镜可以让孩子更细致地去观察、发现植物的外形特征以及叶子的叶脉和茎的特点。在记录表上能看到孩子用自己已有经验将观察到的叶脉、茎的细纹记录下来，孩子的绘画以及观察的能力有了很大的提升。同时，孩子对植物的特征有了更深的了解，同时通过记录表的记录了解到不同的植物有不一样的生长过程。

2. 孩子的收获

（1）在开心农场里，孩子能用完整的语言对自己发现的植物进行分享，同时也在话语中加上了适当的形容词。

（2）通过观察，孩子可以把植物的大概轮廓具体地画出来，在后期通过投放观察工具放大镜，孩子能将植物的叶脉纹路以及茎的粗细、长短较完整地记录在记录表上。

（3）在活动中，孩子能动脑筋与老师一起探讨针对观察植物应该如何将其记录下来，以及如何才能细致地将植物外在特征观察到。

3. 下一步发生的可能

（1）通过观察，与孩子一同尝试根据植物的外部特征对植物进行分类。

（2）通过孩子的记录，让孩子能用完整的语言说出自己记录的是哪一种植物以及该植物生长的完整过程，并进行总结。

（3）家园配合，让孩子带着爸爸妈妈一同到农场进行观察，并让爸爸妈妈将已有的生活经验告诉孩子。

（4）种植更多种类的植物，让孩子观察不同的植物有哪些不一样的外形特征。

新发现——挖水道（大班自主游戏）

广东省中山市坦洲镇中心幼儿园　李　霞

【案例背景】

沙水区，一直都是孩子们喜欢游玩的区域。为了让孩子们探索更多沙的玩法，我们在午间操的时间带着孩子们来到了沙水区。在进入区域前，我们会先把玩沙的工具摆放在孩子们方便取放的位置，然后再用水管喷湿沙池表面，这是为了防止在孩子们玩沙的时候沙尘飞扬。

当我把用来喷水的水管放在沙面上时，因为水不停地往沙池里灌输水分，很快沙面被冲出了一个水洞。有几个孩子跑到我身边，惊喜地告诉我："老师，你看，你快看，这里有很多水。"我蹲下来问了这几个孩子："你们觉得这可以怎样玩呢？"最快回答我的就是你——熹熹，你说："老师，我们可以用铲子挖一条水道啊。"我用肯定的语气对你说："那么你们就开始吧。"就这样，孩子们开始了挖水道的游戏。

【活动案例一】

新发现——挖水道（一）

你和恒恒、希希拿到工具后，开始只是沿着水流的方向用你们手上的小铲子一直往前挖，当挖到靠近墙边的时候，你走到水道的右边蹲了下来，你用右手拿起小铲子在水道边上挖出了一条新的水道。在你对面的希希看见你挖出一条新水道，也赶紧蹲在你前面一起挖。你们一边将沙往外铲一边说："水流过来了，快点挖啊！"听到你们的喊声，又有几位小朋友加入。

就这样，由一条主水道挖出了好几个水口的水流道。在大家都认真将沙往外挖的时候，有一个小朋友说："这里没有水了，这里都干了。"你听到喊话后停下了手上的工作，往后看着水流的方向说："你们那里堵住了，要把那里的沙铲走。"接着你拿着铲子走到堵住的位置开始帮忙。你分开双脚站在堵塞的水道边上，首先用铲子尝试将沙铲走，接着你发现铲子比较大，会让边上的沙倒下来，最后你放弃使用工具，直接用你的小手将沙抓在手里往外搬。经过你的不懈努力，堵塞的水道再次疏通了，你走回刚刚挖沙的位置上继续完成你的工作。

活动结束的时间已经到了，可是你以及你的小伙伴们还没有完成你们想要的水道，听到老师集合的信号后，你们依依不舍地把工具放下，慢慢地准备走去洗脚的地方。我拉住了你的小手蹲下来问："熹熹，怎么了？"你靠近我的耳朵说："老师，我们还没有挖好水道，能不能晚点走啊？"我指着水道问："你们想挖一条怎么样的水道呢？"你很快回答我："一条很长很长的水道。"我接着问："那么，这条长长的水道，怎样才能让水流通呢？"这次，你没有回答我。我对着你说："那么，我们现在回到班上一起讨论这个问题吧！"

【活动案例二】

新发现——挖水道（二）

继上次无意间发现挖水道的活动后，我们带着问题再次来到沙水区。不过本次活动是孩子们自主开展的。

小朋友来到沙池边已经迫不及待地进入沙池中开始活动了，熹熹小朋友已经带领了一群小朋友开始挖水道了。首先有一个小朋友把水管打开，使水流入沙池中，接着你以及两位小朋友迅速地沿着水流的方向挖出一条主水道。因为天气比较干燥，水管拿开后水分会马上被沙池吸收，水就不能在水道里流动，所以你安排了一名小朋友负责拿着水管往水道中灌水，让水可以流通起来。

主水道挖好后，你蹲在水流的源头，负责把堵塞水流的位置用你的小铲子给挖通。当拿着水管的文文想离开岗位时，你会对着文文说："你要拿好水管，不可以走的，你走了，这里就没有水了。"文文听了你的话，继续拿着水管做好放水的工作。

在水道的旁边有一架攀爬网，这时菡菡拿着铲子从你的右手边攀爬架的底部，走到往后延伸的水道处。当菡菡走过后，攀爬架边上的沙被踩得有些松散，一小部分掉落在水道中。正在挖水道的你看见了这一幕，你的右手指着坍塌的位置告诉菡菡："你不可以从这里走的，你看，这里都掉下来了。"听到你说话的菡菡停下了脚步，有点不好意思地看着你指的位置，说："陈熹，不好意思，我不是故意的。"说完，菡菡转身拿着铲子蹲下来开始帮助其他小朋友把水道往后延伸。你听菡菡说完后，把铲子放在脚边，左手支撑在沙面上，右手直接伸入刚刚掉落沙的水道中，把掉落的沙一把一把地挖了出来，拍打在水道的边上，这样就能起一个巩固的作用。

这一次，你和其他小朋友共同合作，将水道挖得比上一次更长了一些。可是要让水流通整个水道，还是需要一小段距离。相信在下一次活动中，你们可以让水在这个水道里流通。

【活动反思与总结】

1. 孩子的学习过程

（1）善于发现，因水管在沙面上冲出一个水洞，孩子们可以自主根据一个水洞探索出挖水道的游戏。在活动过程中，当水不能流入水道时，熹熹发现水道的高度过高会导致水不能继续往前流通这样的问题。最后在班上对老师提出的问题——怎样才能让水在水道里流通展开了讨论。

（2）发现问题，解决问题。孩子们带着问题再次进行挖水道的游戏。这次参与的人数更多了，活动时孩子们自主分配工作任务、分工合作，进行进一步的挖水道游戏。水道边松散的沙掉落时，熹熹将掉落堵住水道的沙子挖出，挖出后再将这些沙子用力拍打在水道边上，这样原本松散的沙子经过熹熹双手的拍打而变得更加坚实。

2. 孩子的收获

从观察中可以看出，进入大班的孩子们较好地掌握了铲沙、拍沙、使用辅助工具进行沙构的技能，能用自己的双手进行简单的挖、围，沙构水平有了较大的提高。在合作过程中，孩子们表现出强烈的解决问题的意识，同伴之间也很有默契。同时，他们合作的计划性提高了，能通过分工来提高合作的效率。

3. 下一步发展的可能

合理投放材料，材料的投放应和主题的设定相联系。比如主题为"高楼大厦"，除了基本的玩沙工具之外，还可以给孩子们准备各种形状、大小不同的彩色积木。所以，根据主题合理地投放材料，有助于孩子借助材料对活动产生兴趣，从而增强孩子对材料选择的自主性。

科学设定主题，激发孩子的游戏灵感，如"我是小小泥瓦匠"情景，引导小朋友观察、调配沙水，组织幼儿讨论：怎样的湿沙可以堆起并挖出隧道呢？

正确指导回应，推动孩子游戏创新，在每次玩沙活动中、活动后，引导幼儿交流、分享探究过程及结果，进一步激发幼儿迁移生活经验，提高合作探究、共同解决问题的能力。

踩油桶高手是这样练成的（大班自主游戏）

广东省中山市坦洲镇中心幼儿园　林焕桃

【案例背景】

开学初，孩子们特别喜欢参加户外自主游戏，我们提供的材料主要有轮胎、梯子、油桶、平衡木等。根据一周的观察，我发现孩子对油桶的兴趣特别大。原因可能是油桶的数量不多，活动中不能保证每位孩子都玩得到，激发了孩子想玩的兴趣。又或许是孩子刚接触这么大大的、硬硬的油桶，觉得好玩却不知该如何玩。

【活动案例一】

老师，我可以站起来啦！

今天，孩子们又来到了搭建区进行户外自主活动。突然，彤彤小朋友问我："林老师，你可以站立在油桶上吗？"我被这么一问，心想，应该没难度吧，我肯定可以的。我对彤彤说："我试试吧。"我信心满满地抬起一只脚踩在油桶上，当我想把另一只脚踩在油桶上时，发现油桶立刻滚动起来，我一下子失去平衡，从油桶上滑了下来，还好安全着地。我立刻感觉到这是一件困难的事情，我决定再试一次，可结果是我又失败了。孩子们看到我试得起劲，纷纷说："让我试试，让我试试。"他们各自尝试用自己的方法站立在油桶上。有的孩子先把整个身体趴在油桶上，再慢慢尝试站立起来；有的孩子先打开双脚坐在油桶上，再慢慢尝试站立起来；有的孩子两两合作，一位孩子扶住油桶，另一位孩子慢慢站立在油桶上……

这时，我看到燊燊先把双手分开扶在油桶上，接着一只脚先跪上油桶，另一只脚也慢慢地跪上去。待身体稳住后，他抬起右脚踩在油桶上，接着又缓缓地抬起左脚踩在油桶上，最后，他小心翼翼地张开双手，再慢慢地直起身体，最终成功地站立在油桶上，他大声叫道："我可以站起来啦。"大家都为他欢呼起来，他更自信地站立在油桶上。这时，油桶还会轻微地前后摇动着，而燊燊会马上调整自己的身体，以达到平衡的状态（如图附录3-4）。

　　活动结束了，尽管有的孩子摔疼了、失败了，可孩子们还是意犹未尽地问我："林老师，我们什么时候再玩油桶？""林老师，下一次我肯定会成功的。"看到孩子们对油桶的强烈兴趣，我想，也许我们可以提供更多的油桶，让孩子们自由、自主地不断尝试，孩子们会发展到什么程度呢？好期待。

图附录3-4　燊燊在油桶上站起来

【活动案例二】

我们一起踩油桶

　　根据上一次的游戏情况，不出几天，游戏区就又增添了十多个油桶。孩子们看到这么多的油桶，纷纷讨论了起来。彤彤说："我要玩踩油桶游戏，今天我一定会成功的。"轩轩说："一只脚先踩在油桶上，另一只脚再慢慢踩上去。"琦琦说："踩在油桶上可以向前或向后走。"熙熙说："先稳住油桶，再向前走。"浩浩说："我们尝试光脚踩在油桶上，或许不会那么容易滑下来。"

　　根据大家的讨论意见，孩子们纷纷参与到踩油桶游戏中来。你看，欣欣小朋友马上推来了一个油桶。她动作缓慢地、小心翼翼地站立在油桶上。当站立在油桶上后，她马上大声叫起来："你们看，我能站在油桶上了。"但就在说话的同时，她就掉下来了。这时候，一个孩子也大声叫起来："你能向前踩油桶才算厉害！"欣欣听到后，马上回答说："我肯定能行。"说完，欣欣再次站立在油桶上，当她想向前踩的时候，身体就开始晃动起来，又掉下来了。没有多想，她马上又站起来，再次尝试了起来。这次，她站立在油桶上后，没有马上向前踩，而是待油桶稳住后，再轻轻地抬起右脚向前踩了一小步，接着抬起左脚向前踩一小步。她一边踩一边摆动着身体，尽量让身体和油桶达到同一水平。就这样，她小心翼翼地向前踩了几小步。掉下来的同时，她欢呼着："我成功了，我会踩油桶了。"这时，其他孩子也说："我也成功了。"听到孩子们喜悦的欢呼声，我为他们感到高兴。

在游戏过程中，孩子们不断尝试，克服困难，互相鼓励，互相合作。经过本次活动，孩子们基本上都学会了踩油桶的方法和技巧，体验到了踩油桶的乐趣，更加想玩踩油桶的游戏了。

【活动案例三】

练成踩油桶高手

过了一段时间，我发现孩子们对踩油桶的兴趣并没有减少，反而更加浓厚。他们踩油桶的方法和技巧更多了，游戏水平有了明显的提高。

游戏刚开始，恒恒小朋友就跑到我身边问："林老师，我可以用呼啦圈来玩踩油桶的游戏吗？"我好奇地问："用呼啦圈怎么玩踩油桶的游戏啊？"他一本正经地说："我可以边踩油桶，边转呼啦圈。"我听到后很是惊讶，心想，这么难的动作，看你胖胖的身形，能成功吗？但我还是支持地说："可以啊，你去拿呼啦圈试试吧！"很快，恒恒就拿来了一个呼啦圈。只见他先把呼啦圈套在身体上，接着熟练地、稳稳地站立在油桶上后就开始转动呼啦圈，最后他小心翼翼地向前踩了一小步，接着第二步、第三

图附录3-5　恒恒在油桶上转呼啦圈

步。我在旁观看的同时，心里也紧张了起来。最终正如他所说的，他成功了（如图附录3-5）。这时候，我对他真是佩服到五体投地，这真的超乎我的想象啊。

除了恒恒小朋友，你看，朗朗小朋友轻松地踩着油桶向前或向后走，犹如在平地上行走一样，踩着油桶想走就走，想停就停。还有雯雯和彤彤倒挂在油桶上，用小脚拉油桶，她们说她们是大力水手。还有一凡和瑶瑶，他们各自踩着一个油桶，当相遇的那一刻，两人马上同时跳到对方的油桶上，交换油桶继续踩（如图附录3-6），这真的是太让人惊叹了！现在，每当其他班级的老师和孩子看到我们班孩子表演踩油桶时，都纷纷称赞他们是踩油桶高手。

【反思与总结】

在材料提供方面，我们根据孩子游戏的实际情况和需要，为他们提供了油桶和一些辅助游戏的材料，如呼啦圈、圆筒积木、木棍、篮球等，让孩子能自由地选择游戏材料。

在孩子玩油桶的过程中，从最初个别孩子可以站立在油桶上到大部分孩子可以踏上油桶并能滚动，再到利用辅助材料增加难度以及两两合作交换油桶，每一次的成功都带给孩子自信，给予孩

图附录3-6 一凡和瑶瑶在行走中互换油桶

子勇气。在踏上油桶、操控油桶的过程中，孩子们的肌肉大动作和身体的协调能力、控制能力都得到了提高；在两两合作交换油桶的游戏中，孩子能互相信任，共同克服困难，体验到挑战带来的乐趣。

接下来，我们会根据孩子的游戏情况，不断地提高孩子的游戏水平。引导孩子开展双人或多人踩油桶游戏，逐步提高游戏难度；开展表演性或主题性踩油桶游戏，丰富油桶游戏的内涵。让孩子们在一次又一次的挑战中，不断地增强自信心，提高孩子的自我认同感，让他们在玩中学、学中玩。

沙水的妙用（大班自主游戏）

广东省中山市坦洲镇中心幼儿园　周 蓉

【案例背景】

沙是柔性的自然物，也是幼儿方便、天然的玩具。亲近这些自然物，对孩子的身心只有好处没有伤害。你看，孩子玩沙玩水的时候多开心，可见沙水有愉悦身心的作用。孩子玩沙玩水的时候总是不停地活动，动手做这做那，既能活动身体，又能发展动手能力。孩子玩沙玩水的时候总是变化多样，还能玩出情节、玩出道理来，这就是在体验其他生活角色的扮演。有这么多的好处，胜过人造的玩物。在日常的活动中，我发现幼儿对于玩沙很感兴趣，我们也在沙场上为幼儿提供了生活中常见的材料：簸箕、废旧杯子、勺子、沙具等。这些工具不易损坏，利用率极高。大班的幼儿对于玩沙能够玩出更多的花样，他们在沙场自由玩耍，无拘无束，真的就像是一群快乐的天使。

【活动案例一】

做包子

今天我和孩子们一起来到户外自主游戏区——沙水池，活动开始后他们纷纷拿到自己喜欢的工具就开始忙起来。过了一会儿，子宸兴奋地告诉我说："老师，你快看津唯和紫蔚做的包子。"只见津唯和紫蔚用双手在揉沙子、搓成包子。然后一个一个小心翼翼地放在泡沫垫子上，我走过去问："你们这包子做得真好，都有什么馅儿的呢？"紫蔚小朋友热情地告诉我："我做的包子什么馅儿的都有，老师，你要买包子吗？"我点点头。她说："不过要等我们把包子蒸好了以后你才可以买！"她俩很快就做好了包子，包子蒸好后，很多小朋友都像我一样装作顾客说："老板，我要买包子。"就这样，孩子们快乐地玩起了沙场上的角色游戏。

【活动反思】

孩子们的社会经验是从他们的日常生活中获取的，包子在生活中很常见，我们每天都会在早餐桌上看见，孩子有了这样的社会经验，他们在玩耍的过程中很容易就会想到做包子，从而联想到要把包子做成各种馅儿的并说明蒸好后才可以卖。说明孩子把自己的生活经历放入游戏中，也是在进行着一种社会交往。孩子在"做包子"的过程中，利用身边的工具对沙子进行揉、搓，这锻炼了幼儿的动手能力，提高了幼儿的灵活性。我看到孩子做的包子后，提出问题，用问题引导孩子开拓游戏，使游戏丰富起来。孩子在做好包子并成功地卖出去之后，获得了很大的成就感，大大增强了幼儿的自信心。

【活动案例二】

扮家家——"今天我生日"

孩子们都在沙池里快乐地、自由自在地玩耍着，他们无拘无束的样子真的很让人羡慕。我看见有几个孩子在一起玩耍，走过去问："你们在做什么呢？"小朋友告诉我："我们假装今天是梓晴的生日，我们在给她做生日蛋糕，还有很多好吃的。"孩子们将沙子一层一层地叠放在一起，他们分工很明确，你做什么，我做什么，一切井然有序。突然，紫妍问我："老师，我们可以用这些小石子做蛋糕上的巧克力吗？"我告诉她当然可以啦！他们就用沙子里的小石头点缀在做好的蛋糕上说："这是巧克力味的蛋糕。蛋糕做好啦！我们给梓晴唱生日歌吧！"我看了看说："蛋糕上怎么没有蜡烛？"小朋友们都点点头，想了想，只见暄暄小朋友从旁边的树上摘了一根树枝插在蛋糕上面说："这就是我们的蜡烛了。"这时，孩子们欢快地唱起了生日歌，吸引了全场的小朋友。

【活动反思】

小时候我们最渴望的事情之一就是过生日了，因为在小孩的眼里，过生日时会有新衣服，有很多礼物，还会有生日蛋糕。孩子们的想象力是无穷的，创造力也是无限的，他们会用沙子做成美丽的蛋糕。孩子们在一起做蛋糕，准备给小朋友过生日的过程中自由结伴，快乐并随心所欲地堆、做出自己喜欢的造型，这不仅可以培养幼儿的创造能力，还可以培养幼儿合作游戏的能力。在游戏中我适时地介入，以游戏玩伴的身份参与其中，还通过语言的引导让孩子们的游戏更丰富完整。孩子会想到用小石子当巧克力、用树枝当蜡烛，这都是孩子想象力丰富的表现。孩子自主地尝试体验，在这样宽松自由的活动中，在不知不觉中感知沙子的特性。

【活动案例三】

我的城堡

"老师，老师。"一个急切的声音传入我的耳朵。我急忙走过去询问："怎么啦？"意宸小朋友告诉我："有小朋友在搞破坏，睿航把我做的城堡给弄坏了，还把沙子弄在我的衣服和头发上。"他做的城堡真的很漂亮，但城堡的一角被破坏了。这时，我对睿航说："你是不是觉得他的城堡很漂亮呢？这么漂亮的城堡你破坏了就不好看了，是吗？"只见他低着头小声地说："他不让我跟他一起玩，还说我不会堆城堡。"原来是这样，我鼓励睿航小朋友再去和意宸说说，看能不能和他一起玩。我要让孩子学会交往，发生冲突时学着自己处理问题。睿航小朋友跟意宸小朋友说："我不会破坏你的玩具了，你教教我怎么堆城堡好吗？"意宸看了看我，我给了他一个肯定的眼神并点点头。随后，两个孩子一起快乐地堆着城堡，完全忘记了刚才的冲突。

【活动反思】

孩子在玩耍过程中总会发生矛盾和冲突。睿航小朋友不会做城堡，他产生了破坏行为，是因为孩子在与同伴交往过程中不会用正确的方式与同伴交往。他们希望被同伴接受，很渴望和小朋友们一起玩。可是因为社会交往经验的不足以及没有用正确的方式导致了小朋友对他的反感。小朋友通过告状的行为希望老师帮助解决，这是孩子很正常的行为，教师应该正确地引导，不能一味地批评或者置之不理。在活动中，我听见小朋友的告状，我适时地处理，也没有严厉地批评宋睿航，也没有呵斥意宸不该告状，我用巧妙的方式引导出睿航认识到自己的错误行为，并积极地鼓励孩子自己去解决问题。最后，两个孩子在一起快乐地游戏。

【案例分析与措施】

1. 孩子的收获

（1）孩子们在沙池玩"做包子""堆城堡""扮家家，过生日"等游戏，这一个个看似简单的游戏让孩子们在沙池中直观地感知了沙子形状多变、质地柔软的特点，玩沙游戏产生的活力激发出来的主动性、积极性也拉近了我们和孩子之间的距离，大大激发了孩子对科学探索的兴趣。科学游戏具有复杂性、丰富性、新颖性、连贯性和趣味性，从而激发了孩子探索科学奥秘的兴趣，让他们感受到探索带来的快乐！

（2）孩子在轻松愉快、尽情自由地活动。能在沙地上通过摸、挖、揉等来认识周围的世界，他们用已有的生活经验大胆地进行创作，积极的态度能激发思维，促进他们认知的发展，协调合作的人际关系，有助于孩子养成团结友爱、和善交往、做事有责任感等优良品质。

2. 下一步发展的可能

（1）关注孩子的需求，确定游戏主题。大班的孩子创造性比较强，则以创造性游戏为主，根据孩子的游戏水平延伸孩子喜欢的活动内容，如挖水渠、水管流动等。

（2）为孩子提供丰富的材料和工具，用自己的好奇心和探究积极性感染和带动孩子。和孩子一起发现并分享周围新奇、有趣的事物或现象，一起寻找问题的答案。通过拍照和画图等方式保留和积累有趣的探索与发现。

（3）教师一定要真诚接纳，多方面地支持鼓励孩子的探索行为。

附录四　美好时光：教育随笔

左左与花的故事

广东省中山市坦洲镇中心幼儿园　梁凤英

一个阳光明媚的正午，我带着孩子们来到野花盛开的小桥边散步。花丛中还不时飞来几只蝴蝶，孩子们可开心啦，有的去追蝴蝶，有的在观赏小花。

突然，不远处传来叫喊声："老师，有人在打架。"我寻声望去，只见在一株紫色的小花旁边，站着淇淇和左左。淇淇双手正死死地拉着左左，左左也用力地反抗着。我赶紧走过去问他们："怎么啦？""老师，左左摘花。"淇淇理直气壮地对着我说。"淇淇你先把手松开吧。"淇淇接受了我的提醒，放开了手。左左低着头，满脸通红，两只手紧紧地握成了两个小拳头。"左左，你摘花了吗？"我问道。左左点点头，并不看我。"小花是我们的好朋友，是不能摘的，对吗？"左左依旧低着头，还是不理会我。接着我又问他："你为什么要摘花呀？""我想把花送给我妈妈。我妈妈去医院了，她要生宝宝了。"这次左左毫不犹豫地回答了我。"哦，原来是左左要当哥哥啦，恭喜你啦。来，让老师看看你手里的花吧。"我开心地对左左说。左左有些不情愿，慢慢地张开了两只手，在他的手心里果真躺着几片已被揉皱的紫色小花瓣。

虽然花已残缺，但左左仍然小心翼翼地捧着。在我看来，左左捧着的不仅是花，更是他对妈妈的关心与爱的寄托。我顿时觉得眼前这个仅有4岁的小男孩是那么的纯真、可爱，我很感动，顿时对他怜爱有加。

我得帮帮他，满足他的心愿，我心里暗想着。"小朋友们，原来左左要当哥哥啦，他刚刚摘花是想送给妈妈的。你们说左左是不是个很爱妈妈的好孩子呀？"我试图引导孩子们改变对左左摘花的看法。"是。"小朋友们齐声回答。"那你们觉得左左可以摘花送给妈妈吗？""可以。"小朋友们很懂事地回应着我。"来，我们帮左左挑选几朵最漂亮的小花送给他妈妈吧。""好。"小朋友们开心地同意了。这时，一边的淇淇赶紧走过来拉着左左的手说："左左，那里的花最漂亮了，我们去摘给你妈妈吧。"于是，他俩手拉手摘花去了。"左左，这里有粉色的花，好漂亮呀。"华华说。"左左，这里有白色的花，快来摘呀。"妍妍也大声喊道……不一会儿，左左的小手里捧满了花，有粉色、有玫红色，还有白色的，五彩斑斓，漂亮极了。"左左，我们去把花放在书包里，放学后再去送给妈妈吧。""好。"左左绽放着如花的笑脸，心满意足地回答我。他双手捧着花，双脚小心谨慎地挪动着，生怕弄掉了手中的一片花瓣。

一场护花战就这样圆满结束了。我庆幸自己在规则和爱之间果断地选择了后者。在这世上，还有什么比孩子对父母的爱更值得我们去珍惜呢。

一个美丽的午后，一份爱的表达。此刻，我不仅收获了大自然赐予的美好时光，还见证了一个纯真的孩子简单而又高尚的爱。这份爱触动了我心底深处最柔软的一角，暖暖的，令我久久不能忘怀。

拥抱的力量

广东省中山市坦洲镇中心幼儿园　梁绮婷

带着希望，带着憧憬，我们又迎来了一个崭新的学期。这一学期我面对的是一群天真可爱的小班孩子。已几年未带过小班的我，既紧张又兴奋，紧张的是面对多个分离焦虑、哭闹不止的孩子时，我该如何安抚？兴奋的是他们纯真、可爱，在未来的三年幼儿园生活中，我们将成为朝夕相处的知心朋友。

果不其然，开学第一天，我们班的孩子哭得稀里哗啦，大部分孩子都比较焦虑。因此，我们运用了多种方法来缓解孩子们的焦虑情绪，如唱歌、讲故事、玩游戏等。最吸引孩子的是户外操场上的滑滑梯，孩子们一投入游戏中，焦虑的情绪也就烟消云散了。

茜宝是班上年龄相对较小的孩子，此刻，也只有她一边拉着我的手一边抱着布娃娃抽泣不止，始终不肯去游戏。我拉着茜宝走到一边，蹲下来问她："茜宝，你怎么不去玩呢？"茜宝说："老师，我想妈妈，我不去。"我把可爱的茜宝抱起来，让她坐在我的腿上，说："老师知道你想妈妈，如果你想妈妈了就可以过来抱抱我，妈妈也是这样抱你的，是吗？"伏在我胸前的茜宝不再抽泣，而是爽快地回答道："好！"我接着说："那你现在可以用力地抱抱老师，当你去玩游戏或是其他时候想妈妈了，你就来抱抱我吧！"她用力地抱抱我后，手拿着布娃娃向滑滑梯慢慢走去。

茜宝进入游戏后，我一直观察着她，她时而回头看我一眼，我说："老师在，要抱抱吗？"她摇摇头接着玩。她从开始的时而回头到不再回头，最后完全融入游戏中去。此刻的我顿时觉得表达和感受爱原来是如此的纯粹与简单。

午睡时间到了，把孩子们全部安抚好后，我轻轻地为他们拍拍背、摸摸头，等到大部分孩子都入睡了，紧绷了半天的神经终于可以放松下来。我准备躺下休息一会儿。意外的是，我刚躺下不久，茜宝便闭着眼睛大声地哭闹着，"我要妈妈，我要妈妈。"值班老师轻轻拍了拍她的背，安抚她说："妈妈很快来了，快睡吧！"可是茜宝哭得更厉害了。这时刚准备休息的我放心不下，立刻起身走到茜宝的床边说："茜宝，是想妈妈了吗？来抱抱老师吧，老师抱着茜宝睡。"茜宝听到我的话停止了哭泣，睁开眼睛看了看我，接着伏在我的怀里又很快进入了梦乡。第一周的午睡时间，茜宝都会在中途醒来哭闹，考虑到茜宝的情绪未稳定，又担心会把其他孩子吵醒，每回茜宝哭闹时，我都会立马过去抱着她，接着她又能安睡了。

之后几天，每次茜宝想妈妈了都会过来说："老师，我想妈妈了。"这时，我就会张开双臂把她抱在怀里，接着她又去玩了。一个星期后，她不再需要布娃娃了，也不会说想妈妈了。

在孩子分离焦虑的情绪未能平复的日子里，他们特别需要我们的爱，如一个肯定的眼神，一句关爱的话语，一个温暖的拥抱，这会让孩子更有归属感，更加信任和喜爱老师，这就是爱的力量。当然，作为老师，被孩子需要的感觉也是妙不可言。我想，这就是教师职业带来的幸福感吧，它是一种情感的共鸣，一次心灵的对话，一种珍贵的情谊，只要你真心付出了，不经意间就会收获孩子们的爱。

后 记

成长之花，美丽绽放

2015年11月，我有幸参加了中山市教师进修学院组织的幼儿园名师培养对象赴杭州市示范性幼儿园跟岗学习，杭州京都实验幼儿园的美绘故事以动听的语言、真实的图片和教师对幼儿客观的分析打动了我。那一刻，我便在心中许下目标：要让我园的教师也成为具有较强观察能力、了解幼儿学习特点的专业幼儿园教师！

2016年11月，我园市级项课题"幼儿园教师观察能力培养的研究"正式开题，也标志着对幼儿园教师观察能力的培养已成为我园三年甚至更长时间的研究方向。

回首3年前，第一次与全体教师分享学习故事的魅力时，大家个个欣喜万分，觉得它比常用的观察记录更有内涵，也让教师的观察更有温度。接下来，在注意、识别、回应的不断尝试与探寻中，大家一方面寻找理论的支持；另一方面在实践中应用，发现了观察的乐趣，找到了观察的方法。

2016年8月，我又有幸参加了中山市教育和体育局举办的CLASS班级质量评价体系培训班，成为一名认证合格的CLASS观察评价者。2017年11月至2018年6月，我着重培养了本园两名教师使用CLASS进行观察与评价。随着课题研究的不断深入，学习故事的回应部分成了大家的难题，于是在2018年9月，我园全体教师共同学习CLASS班级质量评价系统，以系统中的具体指标给予教师对幼儿观察评价的有效支持。

教师们刚刚接触CLASS时，觉得其内容烦琐又难记，常常无法判断某一行为属于哪一指标内容，无法将观察内容与指标相匹配。在无数次地使用和练习如何将观察内容与清晰明确的参照指标相吻合后，大家渐渐在回应时找到了方向，在观察中俨然成为一名理性的思考者。

学习故事让我们的观察更有温度，而CLASS让我们的观察更有理性，情与理的结合让整个课题组饱含激情又务实钻研。3年的时间里，我们拨开观察的一层一层面纱，历经最初的茫然、中期的困惑，如今我们欣喜地看到教师们儿童观的转变，看到幼儿喜欢自由参与活动的状态，一切都是那么的美好！我想，这就是课题带给我们的收获，带给教师、幼儿在成长中的智慧之花！

在收获片片花瓣之时，我要衷心感谢给予我园课题关心帮助的专家领导。感谢澳门大学胡碧颖教授，感谢中山市教师进修学院李姝静副主任、张士雷老师，感谢中山市教育和体育局魏娴副科长、陈思慧老师，感谢中山市坦洲镇教育事务指导中心张志略主任、徐小情老师、梁雪丽老师，是你们的智慧点燃了我们对课题的探索之旅；我要感谢我的团队，感谢课题组成员——坦洲镇中心幼儿园的全体教师，是大家扎扎实实的学习与实践丰富了课题的内涵；另外，还要感谢一直关心和支持我园课题的同行姐妹们，你们的每一次关心与参与都是我们成长的动力！

未来，我们将继续在观察的基础上进行幼儿园新的课题研究，继续努力做专业的幼儿园教师，做专业的幼儿教育，继续让师幼共同成长在探索的道路上，让童心智慧生长！

中山市坦洲镇中心幼儿园园长　郝利君

2019年7月